COFFEE . ALGORITHM . 1 . ECOLOGIC COFFEE VARIETY DIVERSITY . INDUSTRY SUSTAINABILITY . FUTURE . GENETIC . HYBRID SPECIES

COFFEE ALGORITHM 1
이종훈 지음

커피 품종

COFFEE VARIETY

연필과 머그

CONTENTS

WILD COFFEA SPECIES

1. 코페아의 발견과 커피의 전파 _18
The Discovery of Coffea

   1) 커피 그리고 코페아 Coffee and Coffea _18
   2) 커피의 식물학적 분류 Coffee and Plant Taxonomy _19
   3) 품종과 변종의 구분 Variety and Cultivar _22
   4) 코페아 아라비카 Coffea Arabica _23
   5) 타임라인으로 보는 커피의 전파 Coffee Plant Diffusion Timeline _24

2. 코페아 연구와 야생 품종의 대두 _28
The Next Big Thing in Coffee Variety

   1) 야생 코페아 종 Wild Coffea Species _28
   2) 식물학적 관점에서 본 코페아 속 The Genus Coffea L. _29
   3) 코페아 연구 개발 Coffea Research and Development _32

   COLUMN 커피질병과 병충해 Coffee Diseases and Pests _34
   COLUMN 멸종위험에 놓인 야생 코페아 종 IUCN and Red List _37

3. 코페아 리스트 _41
Coffea List

ETHIOPIAN VARIETY

1. 커피의 기원, 에티오피아 _ 74
   The Birth Place of Arabica

2. 커피 생산 시스템 _ 76
   Coffee Production System

   1) 포레스트 커피 Forest Coffee _ 76
   2) 세미포레스트 커피 Semi-Forest Coffee _ 78
   3) 가든 커피 Garden Coffee _ 78
   4) 에스테이트 커피 Estate Coffee _ 79

3. 지역 재래품종 _ 80
   Local Landrace

4. 커피 연구 센터 _ 83
   Coffee Research Center

   1) EIAR & JARC _ 83
   2) ORSTOM _ 84

   COLUMN 커피 새싹의 색상 Coffee Leaf Tip Color _ 85

5. 에티오피아 커피 리스트 _ 86
   Ethiopian Coffee List

YEMENI VARIETY

1. 예멘 커피의 과거와 현재 _ 118
   Past and Present of Coffee in Yemen

2. 예멘 품종 _ 120
   Yemeni Variety

   1) 우다이니 Udaini _ 121
   2) 다와이리 Dawairi _ 121
   3) 투파히 Tufahi _ 122
   4) 부라아이 Bura'ai _ 122
   5) 테사위 Tessawi _ 122
   6) 콜라니 Kholani _ 122

3. 지역 재래품종 _ 123
   Local Landrace

4. 예메니아 _ 126
   Yemenia

5. 예멘 커피 리스트 _ 128
   Yemeni Coffee List

MODERN ARABICA VARIETY

1. 대표적인 근대 아라비카 품종 _138
   Modern Arabica

2. 티피카 품종 _139
   Typica Types

3. 버본 품종 _140
   Bourbon Types

4. 피터 요하네스 사무엘 크래머 _142
   P.J.S Cramer

5. 파나마 게이샤 _143
   Panama Geisha

6. 모던 아라비카 리스트 _148
   Modern Arabica List

COLUMN 세계의 커피 연구 기관 Coffee Research Center _187

CHAPTER 5

HYBRID VARIETY

1. 품종 개량과 커피의 미래   _ 194
   Breeding for The Future

2. 식물에서의 교배   _ 195
   What Is Hybrid?

3. 멘델의 유전법칙   _ 197
   Mendel's Law
   1) 단성 잡종 교배   _ 198
   2) 양성 잡종 교배   _ 199
   3) 역교배   _ 200

4. 커피에서의 교배   _ 201
   What Are Hybrid Coffees?
   1) 단교배(동종교배)   _ 202
   2) 단교배(이종교배)   _ 203
   3) 역교배   _ 203
   4) 다계교배   _ 204

5. 커피나무의 조직 배양과 종자 번식 _205
   Advances in Coffee Tissue Culture

6. 커피의 교배와 지속가능한 커피 생산 _208
   Breeding Coffee for Sustainable Production

참고문헌 _210

커피산업의
시작과 끝이자
과거와 미래를 아우르는
'커피품종'

식문화의 발전 과정에서 인간은 끊임없이 새로운 식재료를 탐구하고 발전시키려는 노력을 아끼지 않고 있다. 과거에는 더 많은 양의 식량을 만들어 내기 위한 노력이 주를 이루었다면, 오늘날에는 자연 환경의 거대한 변화 속에서 식품의 지속가능한 생산을 도모하고 품질 향상을 통해 더 좋은 재료로 더 맛있는 음식을 먹기 위한 노력이 식문화 전반에 걸쳐 일어나고 있다. 이러한 흐름에서 커피산업도 예외가 아니다. 스페셜티 커피를 필두로 소비자의 다양한 기호를 반영한 높은 품질의 커피 수요가 급속도로 늘어나면서 전 세계 커피 소비량도 꾸준히 증가세를 이어가는 중이다.

그리고 그 중심에 '커피품종(Coffee Variety)'이 있다. 커피품종은 커피 본연의 맛과 향을 알아가는 데 매우 중요한 부분이지만 추출이나 로스팅 등 다른 분야에 비해 상대적으로 정보가 부족하고 부정확한 내용도 많은 것이 사실이다. 커피품종은 커피의 전파와 동시에 여러 이름으로 전 세계에 확산되면서 혼란을 가져왔고, 때로는 과학적 연구와 산업적 측면 사이에서 의미의 차이가 발생하기도 했다. 하지만 1900년대 중반부터 커피질병으로 인한 생산량 감소가 신각한 문제로 떠오르면서 커피품종에 관한 연구가 본격적으로 시작되었고, 이러한 문제의식은 사람들이 커피품종의 중요성을 인지하고 인식을 개선하는 데 중요한 시발점이 되었다.

실제로 커피품종은 빠르게 발전하고 있는 스페셜티 커피시장 뿐만 아니라 현재 전 세계적으로 가장 위협적인 존재인 지구온난화와 기후변화로부터 커피산업이 당면한 문제를 해결하는 데 매우 밀접하게 연결된 화두라고 할 수 있다. 커피를 재배하는 농장의 생산자부터 최종적으로 완성된 커피를 소비자에게 서비스하는 바리스타까지, 커피품종은 단순한 재료 그 이상으로 커피산업의 많은 부분과 연관되어 있으며 커피산업의 흥망을 결정한다고 해도 과언이 아닐 정도다.

우리가 일상적으로 마시는 매일의 커피 한 잔이 실은 기후변화로 인해 언제까지 유지될 수 있을지 불투명하며 커피로 생계를 꾸려 나가는 전 세계 2,500만 명의 커피산업 종사자들의 미래 또한 위협받고 있는 현실이다. 이러한 문제를 해결하고자 세계 각국의 커피 관련 기관과 단체에서 다양한 연구가 진행되고 있으며 새로운 커피품종을 개발하기 위한 노력도 활발하게 이루어지고 있다. '커피산업의 미래'라는 공동의 목표를 위해 기후변화 대응을 시작으로 커피품종의 연구 개발 등 지속가능한 커피시장을 만들어 가기 위한 활동에 우리도 관심을 갖고 동참할 필요가 있다.

커피시장이 생산지를 중심으로 발전하던 예전과 달리 최근에는 품종 중심의 접근이 중요해지면서 필자 역시 커피품종에 자연스럽게 관심을 갖고 알아가던 중 품종이 커피산업에서 매우 중요한 위치에 있음에도 여전히 마케팅적인 요소로만 활용될 뿐 커피산업의 종사자로서 무지한 부분이 많았다는 것을 느끼게 되었다. 어쩌면 무관심했다는 표현이 더 맞을지도 모르겠다. 처음에는 개인적인 호기심으로 시작된 품종 공부였지만 점점 더 깊이 알아갈수록 커피의 과거와 현재는 물론 미래까지도 품종과 직결되어 있다는 것을 깨달았다. 일부 잘못된 정보를 우리는 너무 당연한 사실처럼 받아들이고 있었고 이는 분명히 개선이 필요했다.

이 책은 오래전부터 세계 각지에서 많은 사람들에 의해 진행되었던 커피품종에 관한 연구 내용을 바탕으로 작성되었다. 커피품종의 특성상 새로운 연구가 진행될 때마다 기존 연구 결과가 뒤바뀌는 일도 잦았기 때문에 가장 최근에 발표된 자료를 우선적으로 반영했으며, 과학적 연구와 산업적 측면에서 다소 차이가 있는 부분은 최대한 두 가지 관점을 모두 고려해 종합적으로 서술하고자 했다. 또한 챕터는 크게 커피의 근원인 아라비카부터 발생한 시간 순서에 따라 에티오피아, 예멘, 모던 아라비카, 하이브리드 순으로 나열하고 각 카테고리에 해당하는 품종의 세부 목록을 정리했다.

책 한 권에 전 세계 곳곳에 흩어져 있는 커피품종에 대한 정보를 모두 다 담기에는 한계가 있기 때문에 현재 커피품종을 이해하는 데 중요하다고 판단되는 내용에 중점을 두고 이 책을 통해 품종 자체에 대한 관심이 증가했으면 하는 바람으로 작업했다. 우리가 몸담고 있는 커피시장의 과거와 현재, 그리고 미래를 연결하는 고리이자 지금 이 시대에 커피산업이 당면한 문제를 해결하기 위한 핵심 열쇠가 바로 품종이기 때문이다.

단편적 관점으로는 본질을 알기 어려운 '커피'라는 유기적 결합체에 대한 온전한 이해를 돕고자 시작된 프로젝트 '커피 알고리즘(COFFEE ALGORITHM)'의 첫 번째 결과물인 이 책이 커피산업의 밝은 미래에 한 걸음 다가가는 계기가 되길 바란다.

WILD COFFEA SPECIES

CHAPTER 1

COFFEA STENOPHYLLA

현재까지 밝혀진 커피 종은 약 125개인 것으로 연구되었지만 실제 상업적인 용도로 재배되는 커피는 비교적 생산이 용이한 '코페아 아라비카', '코페아 카네포라', '코페아 리베리카'가 대표적이다.

1. 코페아의 발견과 커피의 전파
The Discovery of Coffea

1 Coffee and Coffea
커피 그리고 코페아

적도를 중심으로 남북회귀선 사이의 커피벨트(Coffee Belt)•에서 자라는 식물인 커피는 기원전 6~7세기경 에티오피아 남서부 카파(Kaffa) 지역에서 처음 발견된 이래 현대인들의 삶에서 가장 큰 비중을 차지하는 음료 중 하나로 발전되어 왔다.

커피는 현대인들의 필수 음료로 자리잡으며 세계 무역 거래량이 약 894억 달러, 한화로 100조원(UN Comtrade Database, 2017) 가까이 되는 대표적인 무역 상품이 되었다. 2019년 기준 3억 명에 달하는 미국인의 약 64%가 커피를 마시는 것으로 조사됐으며, 2019년 한국의 성인 1인당 연간 커피 소비량은 약 353잔으로 세계 평균 소비량인 132잔의 약 2.7배에 달하는 수치를 기록했다. 전 세계에서 가장 많은 양의 커피를 소비하는 핀란드 사람들은 1인당 매년 약 12.5kg의 커피를 마시는 것으로 나타났다(International Coffee Organization, 2020).

현재까지 밝혀진 커피 종은 약 125개인 것으로 연구되었지만 실제 상업적인 용도로 재배되는 커피는 비교적 생산이 용이한 '코페아 아라비카(Coffea Arabica, 이하 C. Arabica)', '코페아 카네포라(Coffea Canephora, 이하 C. Canephora)', '코페아 리베리카(Coffea Liberica, 이하 C. Liberica)'가 대표적이다.

• 커피벨트 : 남위 25도에서 북위 25도 사이의 열대, 아열대 기후에 속하는 지역

2 Coffee and Plant Taxonomy
커피의 식물학적 분류

- 알파분류학 : 종의 독특한 외형이나 생화학적 특징에 기초해 분류하는 방법. 종에 이름과 설명을 붙이는 것을 기반으로 한다.
- 감마분류학 : 같은 종의 변화나 진화 과정을 바탕으로 분류하는 방법. 다른 방법에 비해 연구기간이 길다.

식물을 분류하는 방법은 베타분류학, 알파분류학*, 감마분류학* 등이 있다. 그 중 가장 보편적인 방법인 베타분류학(Beta Taxonomy)에 따르면 커피는 계(Kingdom), 문(Division), 강(Class), 목(Order), 과(Family), 속(Genus), 종(Species) 중 꼭두서니 과(Rubiaceae Family)의 코페아 속(Coffea Genus)에 해당하는 모든 식물군을 지칭한다.

여기서 '베타분류학'이란 식물분류학(Plant Taxonomy)의 하나로, 앞서 언급한 '계문강목과속종'과 같이 식물을 비슷한 특징을 가진 계층별로 묶어 구분하는 방법을 말한다. 이는 커피뿐만 아니라 다양한 동식물을 분류할 때 가장 많이 사용하는 방법이며, 계층마다 앞에 '아(Sub-)'를 붙여 아강(Subclass), 아속(Subgenus)과 같이 중간에 하위 단계를 두어 세부 분류를 하기도 한다. 커피의 경우 꼭두서니 과의 코페아 속에 속하는 모든 식물이 해당하는 만큼 품종별 커피의 특징과 형태를 파악하기 위해서는 식물학에서의 커피 분류에 대한 이해가 선행되어야 한다.

이러한 식물학적 분류에 따르면 커피는 '꽃과 열매가 있는 종자식물'로서 광합성을 통해 스스로 영양분을 만들어 내며 형태적으로는 '한 배(胚)에서 두 개의 떡잎이 나는 쌍떡잎식물'이라고 정의할 수 있다. 커피는 1737년 스웨덴의 생물학자 칼 폰 린네(Carl von Linné)에 의해 처음 'Coffea Arabica L.'로 분류됐는데, 린네가 동식물에 길고 어려운 라틴어 이름을 붙이던 기존 관행에서 벗어나 일관된 분류 체계와 명칭을 부여하는 데 성공했기 때문에 지금까지도 대부분 린네의 분류법을 사용하고 있다.

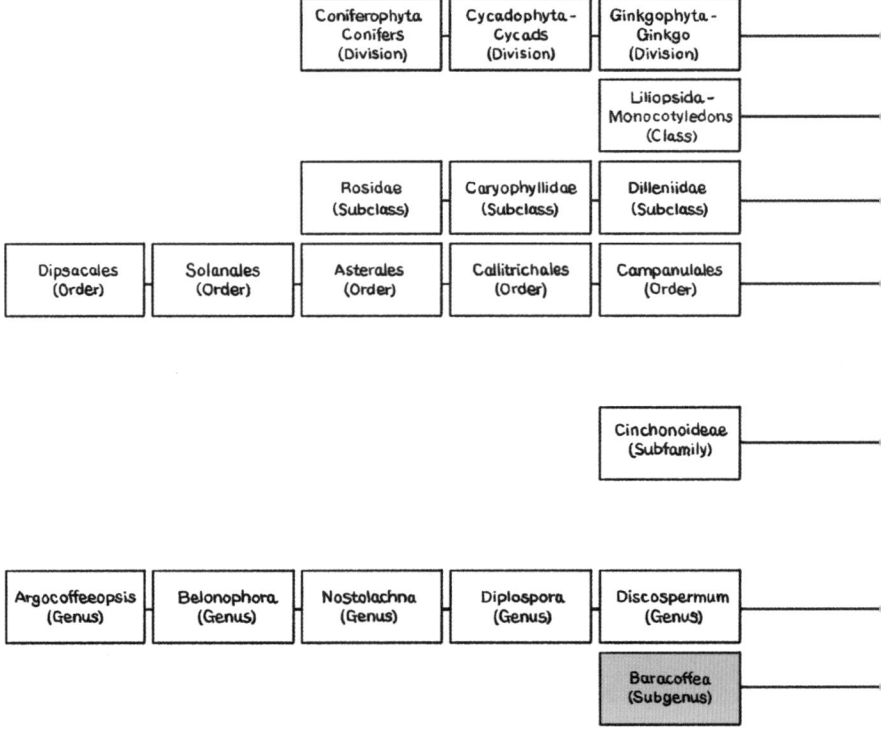

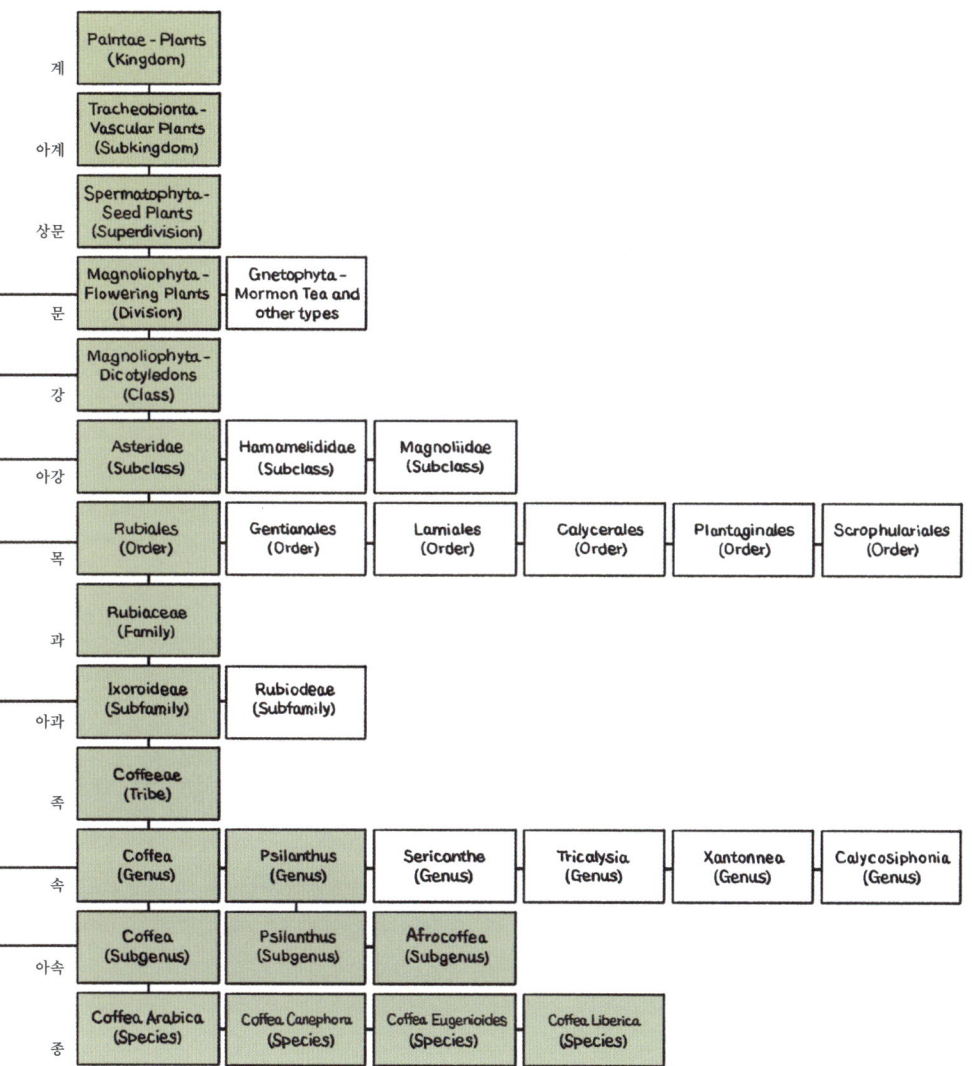

식물분류학에 따른 커피의 계층별 명칭

3 Variety and Cultivar
품종과 변종의 구분

일반적으로 커피 종을 구분할 때 영어로 'Variety'와 'Cultivar'라는 단어를 많이 사용하지만 우리나라에서는 '품종'이라는 표현 하나로 번역되는 경우가 많다. 그러나 'Variety'와 'Cultivar'의 의미는 엄밀히 다르기 때문에 정확한 해석에 맞게 구분해서 사용할 필요가 있다.

먼저 'Variety'의 뜻을 자세히 살펴보면 식물학자들은 '타품종과 교배할 수 있는 측정 가능한 형태의 종'으로 정의하고 식물육종가들은 '법적으로 지적재산권을 보호 받을 수 있는 안정적이고 정량화된 형태의 종'으로 정의하고 있다.

한편 'Cultivar'를 식물학자들은 '인간의 영향으로 발생한 종의 변종'으로 정의하며 식물육종가들은 '다음 세대에도 연속성이 유지되는 안정적인 특징을 가진 식물군'으로 정의하고 있는데, 이 책에서는 이해를 돕고자 'Variety'와 'Cultivar'를 의미에 맞게 각각 '품종'과 '자연변종', '교배종'과 '자연교배종'으로 표기했다.

4 Coffea Arabica
코페아 아라비카

코페아 아라비카는 코페아 유게니오이데스(Coffea Eugenioides, 이하 C. Eugenioides)와 코페아 카네포라 두 품종이 약 108만 년 에서 54만 년 전 야생 상태에서 자연교배해 탄생했을 것으로 추정된다. 아라비카는 에티오피아 남서부와 남수단에 기원을 두고 있지만 오늘날 남수단의 야생 아라비카는 멸종한 것으로 보고 있다.

아라비카는 카네포라와 리베리카를 비롯한 다른 코페아 종과 다르게 유일하게 4세트의 복잡한 염색체를 가진 4배체* 식물이며, 꽃가루에 의해 수정되는 자가수분의 특징을 가지고 있다. 이러한 이유로 아라비카는 다른 코페아 종에 비해 종 간의 자연교배가 일어날 확률이 적고 고유한 유전적 특징이 비교적 잘 보존되어 있다. 하지만 종종 아라비카와 다른 코페아 종이 가까이 인접해 있는 경우 둘 사이의 교배가 자연스럽게 일어나기도 한다.

* 4배체 : 염색체 수가 기본 수의 두 배인 2배체(2n=2X=22)보다 더 많은 쌍의 염색체를 가진 배수체 중 염색체 세트가 4개인 세포나 개체를 뜻한다. 4배체(2n=4X=44)는 동일한 유전자를 가진 염색체(n)가 4개로 총 염색체는 11개라고 할 수 있다.

코페아 속의 아속에 따른 커피꽃의 차이

1 코페아(Coffea) 일반적인 커피꽃으로 수술이 외부로 드러나며 꽃의 화관이 긴 형태
2 바라코페아(Baracoffea) 수술이 외부로 드러나며 꽃의 화관이 짧은 형태
3 아프로코페아(Afrocoffea) 수술이 외부로 드러나지 않고 꽃의 화관이 짧은 형태
4 실란투스(Psilanthus) 수술이 외부로 드러나지 않고 꽃의 화관이 긴 형태

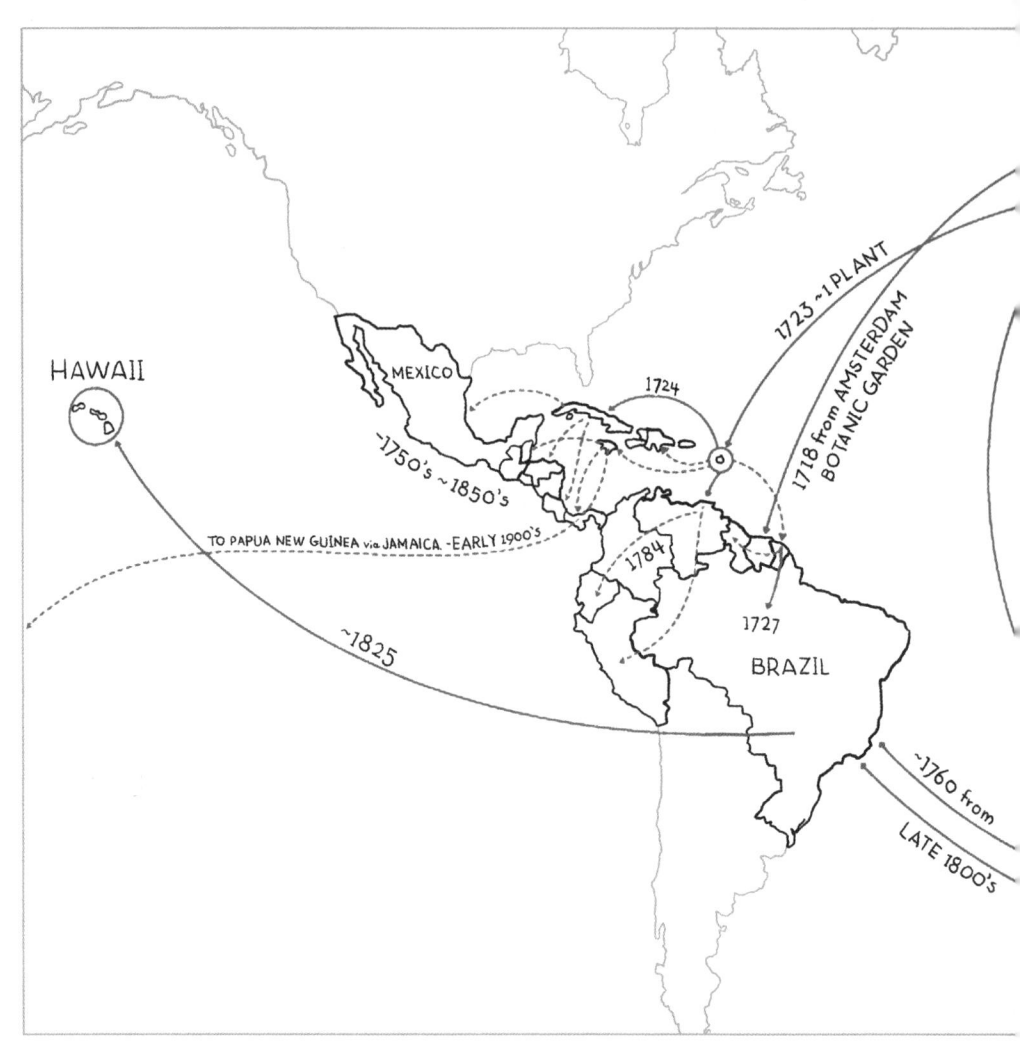

5   Coffee Plant Diffusion Timeline
타임라인으로 보는 커피의 전파

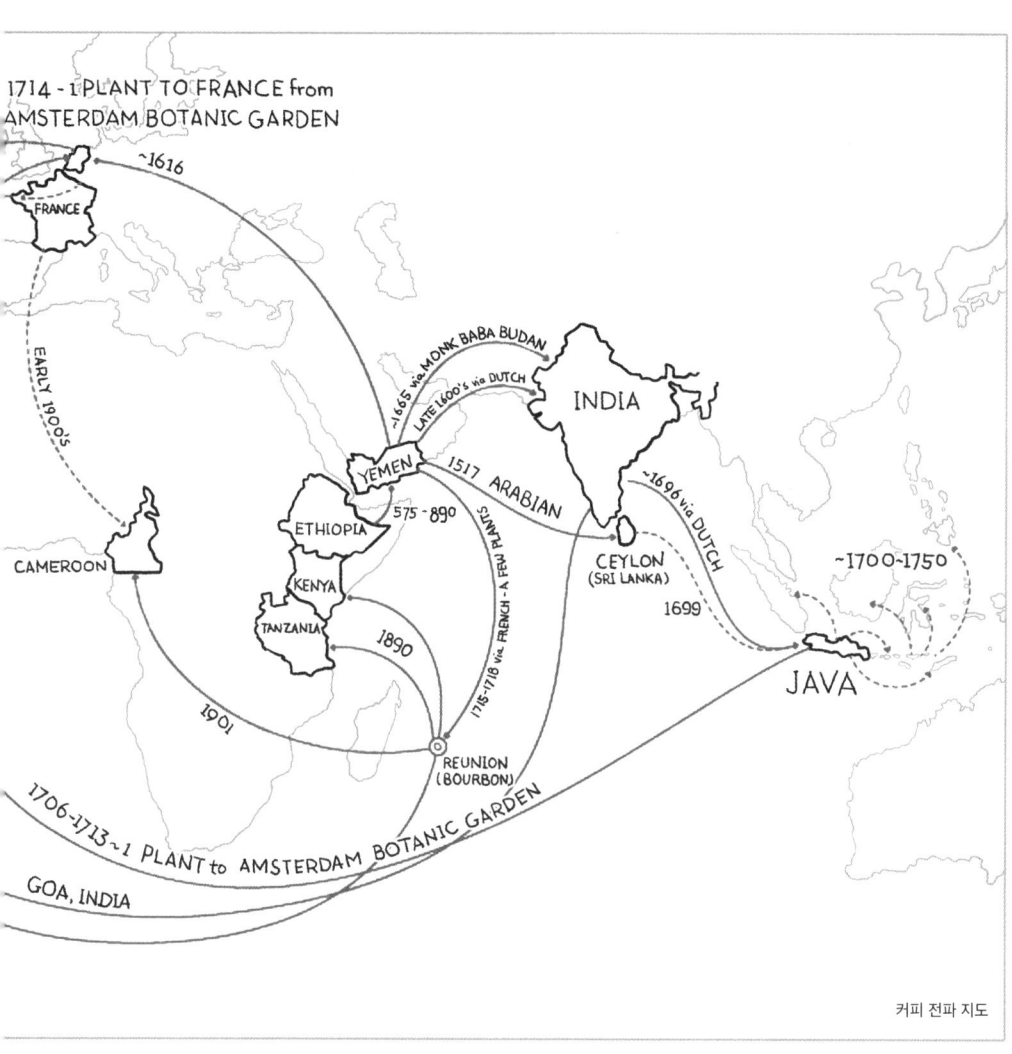

커피 전파 지도

아라비카는 사람에 의해 전 세계로 확산된 코페아 종의 대표 종으로 '커피'라는 음료로 만들어져 더욱 널리 알려지게 되었다. 커피의 전파 경로는 오늘날 커피산업에서 이야기하는 품종의 발전 양상과 밀접하게 연결되어 있는데, 특히 1600년대와 1700년대에 커피 전파가 활발하게 이루어지면서 지금의 커피산지를 형성하는 데 많은 영향을 끼쳤다.

Century	Year	Event	Note
500	575~890	페르시아인들이 에티오피아에서 예멘으로 전달했을 것으로 추정	
1500	1517	아랍인들이 예멘에서 스리랑카로 전달	
1600	1600	이슬람 수도승 바바 부단(Baba Budan)이 커피 수출을 엄격히 통제하던 예멘에서 인도로 일곱 개의 씨앗을 몰래 반입(티피카(Typica)와 버본(Bourbon) 두 품종이었을 것으로 추정)	
	1690~1696	인도에서 네덜란드(티피카 품종이었을 것으로 추정)와 인도네시아 자바(Java) 섬으로 전달	
	1699	네덜란드 동인도 회사에 의해 스리랑카에서 인도네시아 자바 섬으로 전달	
1700	1706	인도네시아 자바 섬에서 네덜란드 암스테르담 식물원으로 전달	
	1708, 1715, 1718	프랑스 왕의 요청에 따라 세 차례에 걸쳐 파리에서 레위니옹(Réunion) 섬으로 전달(버본 품종이었을 것으로 추정)	• 아프리카 마다가스카르(Madagascar) 동쪽에 위치한 프랑스령 섬
	1713~1714	인도네시아 자바 섬에서 프랑스 파리로 전달	
	1713~1714	프랑스 왕의 요청에 따라 파리에서 프랑스령 적도 아프리카(French Equatorial Africa)로 전달	• 적도 부근 아프리카 중앙부의 프랑스령 식민지 콩고민주공화국, 가봉, 중앙아프리카공화국, 차드 4개국이 이루었던 연방
	1714, 1718, 1719	네덜란드에 의해 세 차례에 걸쳐 인도네시아 자바 섬에서 수마트라(Sumatra) 섬으로 전달	
	1715	프랑스 왕의 요청에 따라 파리에서 프랑스령 기아나(French Guiana)로 전달	• 남아메리카 북동부 대서양 연안에 위치한 프랑스의 해외 영토
	1717 이전	에티오피아에서 아프리카 모잠비크(Mozambique)로 전달	
	1717~1718	예멘에서 레위니옹 섬으로 전달	
	1717, 1720년 (또는 1724)	프랑스 왕의 요청에 따라 파리에서 북아메리카 카리브해 아이티(Haiti)로 전달	
	1717~1718	예멘에서 아프리카 인도양의 모리셔스(Mauritius)로 전달	
	1717	모잠비크에서 마다가스카르로 전달	
	1718~1719	네덜란드에 의해 암스테르담에서 남아메리카 수리남(Republic of Suriname)으로 전달	
	1723	프랑스 왕의 요청에 따라 파리에서 마르티니크(Martinique)와 프랑스령 적도 아프리카로 전달	• 카리브해에 위치한 프랑스의 해외 영토
	1724	아이티에서 쿠바(Cuba)로 전달	
	1726	아이티에서 과들루프(Guadeloupe)로 전달	• 카리브해에 위치한 프랑스의 해외 영토
	1727	프랑스령 기아나에서 브라질(Brazil) 파라(Pará)로 전달	
	1770	브라질 마나우스(Manaus)로 전달	
	1774	브라질 리우데자네이루(Rio de Janeiro)로 전달	
	1782, 1880	브라질 상파울루(Sao Paulo)로 전달	

	1787	브라질 바이아(Bahía)로 전달. 브라질에서 페루(Peru)로 전달
	1730(또는 1732)	마르티니크에서 자메이카(Jamaica)로 전달
	1740	레위니옹 섬에서 남태평양 타히티(Tahiti)로 전달
	1740	마르티니크에서 멕시코(Mexico)로 전달
	1748, 1779	쿠바에서 코스타리카(Costa Rica)로 전달
	1748~1750	스페인 선교사에 의해 도미니카공화국(Dominican Republic)에서 쿠바로 전달
	1750	쿠바에서 카리브해 푸에르토리코(Puerto Rico)로 전달
	1750~1760	쿠바에서 과테말라(Guatemala)로 전달
	1760	푸에르토리코에서 엘살바도르(El Salvador)로 전달
	1780(또는 1782), 1784	프랑스 사제에 의해 마르티니크에서 베네수엘라(Bolivarian Republic of Venezuela)로 전달
	1780~1790	엘살바도르에서 콜롬비아(Colombia)로 전달
	1784	콜롬비아에서 볼리비아(Bolivia), 에콰도르(Ecuador), 파나마(Panama)로 전달
	1790	카리브해 서인도 제도에서 멕시코로 전달
	1796, 1808	과테말라에서 코스타리카로 전달
1800	1825	브라질에서 하와이(Hawaii)로 전달
	1840	쿠바에서 엘살바도르로 전달
	1893	과테말라에서 하와이로 전달
	1878	프랑스령 적도 아프리카에서 영국령 중앙아프리카(British Central Africa)•로 전달
	1878	스코틀랜드 에든버러 왕립 식물원(Royal Botanic Garden Edinburgh)과 프랑스령 적도 아프리카에서 말라위(Malawi)로 전달
	1878	프랑스령 적도 아프리카에서 짐바브웨(Zimbabwe)로 전달. 영국령 중앙아프리카, 짐바브웨, 말라위에서 남아프리카공화국(Republic of South Africa) 동부 나탈(Natal)로 전달.
	1887	레위니옹 섬에서 인도차이나(Indochina) 반도와 베트남(Vietnam) 북부 통킹(Tonking)으로 전달
	1890	프랑스 선교사에 의해 레위니옹 섬에서 탄자니아(Tanzania)로 전달
	1895	프랑스 선교사에 의해 레위니옹 섬에서 케냐(Kenya)로 전달
	1895	케냐에서 모잠비크, 콩고민주공화국(Republic of the Congo), 앙골라(Angola)로 전달
1900	1900	말라위에서 우간다(Uganda)로 전달
	1901	프랑스인에 의해 레위니옹 섬에서 콩고민주공화국, 케냐, 탄자니아로 전달
	1905	과테말라에서 르완다(Rwanda)로 전달
	1910	말라위에서 우간다로 재전달

• 남로디지아(독립 후 짐바브웨), 북로디지아(독립 후 잠비아(Zambia)), 니아살랜드(독립 후 말라위)의 총칭. 1953년 수립되어 1963년 해체되었다.

2. 코페아 연구와 야생 품종의 대두
The Next Big Thing in Coffee Variety

1 Wild Coffea Species
야생 코페아 종

코페아 종에 관한 연구는 아라비카가 밝혀진 후 오랫동안 진행되어 현재는 과학의 발전으로 품종 간 유전적, 화학적 특성을 명확하게 구분할 수 있게 되었다. 1995년까지 약 60종의 코페아가 발견됐으며, 2010년에는 110여 종, 2019년에는 125여 종 이상의 코페아가 분류 및 정리되었다. 코페아 종은 지금도 야생 상태에서 계속 발견되며 꾸준히 연구되고 있다. 기후변화와 질병, 산림 벌채로 인해 커피 생산이 위협받고 있는 상황에서 위기를 극복할 수 있는 방법은 '질병에 강하고 높은 생산성과 우수한 품질을 갖춘 새로운 품종'을 개발하는 것이기 때문이다.

실제로 커피시장의 중요한 화두로 '커피품종'과 '야생 코페아 종'이 거론되고 있으며 현재까지 알려진 커피 종의 약 60%가 멸종위기에 처했다는 연구 결과가 나오기도 했다. 특히 환경 변화에 직접적인 영향을 받는 전 세계 커피산지들에게 새 품종에 관한 연구는 더욱 시급한 과제로 남아있다.
이처럼 미래에 사라질 지도 모르는 커피를 지키고 환경 변화에 강한 신품종을 개발하기 위해서는 코페아 종의 대표종인 아라비카와 카네포라의 기원에 대한 이해를 바탕으로 기존 품종의 차이점과 유사점을 파악하고, 정보의 올바른 해석과 보급을 위해 커피 유전학과 명명법에 대한 사전지식도 갖춰야 한다.

2 The Genus Coffea L.
식물학적 관점에서 본 코페아 속

19세기 아프리카에서 수많은 종류의 야생 코페아 종이 발견되면서 코페아 속에 대한 본격적인 연구가 시작되었다. 식물학자 슈발리에(A. Chevallier)는 1947년에 초기 연구에서 식물을 모양에 따라 분류하는 형태학을 기반으로 코페아 속의 세부분류 작업을 진행했고 크게 '아르고코페아(Argocoffea)', '파라코페아(Paracoffea)', '마스카로코페아(Mascarocoffea)', '유코페아(Eucoffea)' 네 가지로 나눠 제시했다.

이 중 유코페아가 우리가 흔히 말하는 커피나무이며 당시에는 유코페아 중에서도 커피체리가 붉은색인 종은 '이리트로코페아(Erythrocoffea)', 검은색인 종은 '멜라노코페아(Melanocoffea)', 커피나무의 키가 작은 종은 '나노코페아(Nanocoffea)', 동아프리카가 기원인 종은 '모잠비코페아(Mozambicoffea)'로 구분했다.

하지만 최근 들어 형태학뿐만 아니라 유전자 염기 서열을 중심으로 생물 사이의 계통을 맞추는 분자계통학이 발전하면서 DNA 데이터를 기반으로 과 분류와 속 분류 사이에 '코피애(Coffeeae)' 족(Tribe)이라는 분류군이 생겨났고, 그 안에 포함되는 코페아 속은 '아르고코프옵시스(Argocoffeopsis)', '벨로

노포라(Belonophora)', '칼리코시포니아(Calycosiphonia)', '코페아(Coffea L.)', '디플로스포라(Diplospora)', '디스코스퍼멈(Disscospermum)', '노스톨라흐마(Nostolachma)', '실란투스(Psilanthus Hook. f.)', '세리칸스(Sericanthe)', '트리칼리시아(Tricalysia)', '산토네아(Xantonnea)'로 재분류되었다. 이렇게 분류된 꼭두서니과의 11가지 코페아 속 중 코페아와 실란투스만 오늘날 커피로 분류됐으며, 코페아 속은 다시 '바라코페아(Baracoffea)'와 '코페아(Coffea)'라는 아속으로, 실란투스 속은 '실란투스(Psilanthus)'와 '아프로코페아(Afrocoffea)'라는 아속으로 세부 분류되었다(Bridson 1988; Davis et al. 2005, 2006; Davis and Rakotonasolo 2008).

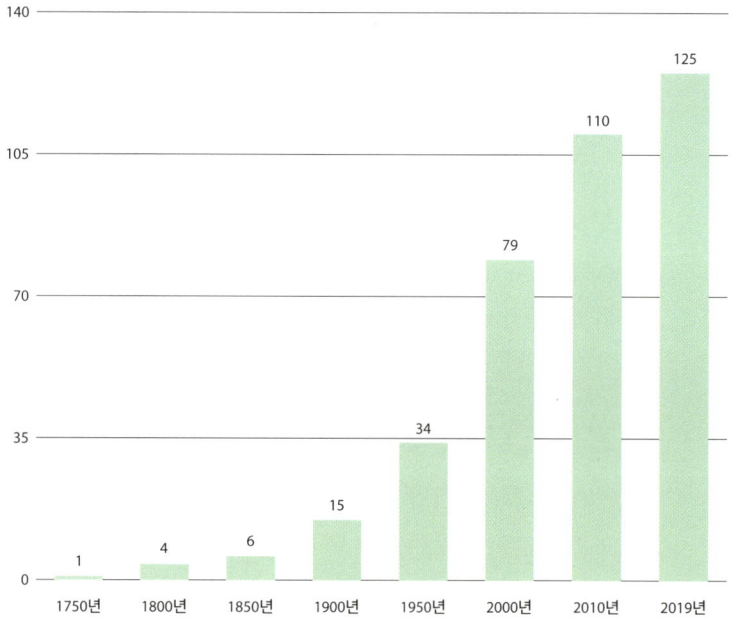

코페아 연구에 따른 세부 품종 수의 증가

많은 학자들이 수십 년간 다양한 연구를 통해 코페아 속과 실란투스 속 사이에 밀접한 관련이 있다고 밝힌 바 있으며, 최근에는 코페아에 실란투스가 포함된다고 보는 연구 사례도 생겨났다. 물론 세부적인 차이는 존재하지만 다른 속과 달리 코페아와 실란투스는 커피꽃이 피고 씨앗이 든 열매를 맺는다는 공통점 때문에 모두 '커피'라고 정의한다.

아라비카, 카네포라, 리베리카 등 코페아 종은 아프리카에서의 발견을 계기로 연구가 시작됐지만 이후 아시아와 호주에서도 발견되며 그 수가 더욱 늘어나게 되었다. 현재 기준으로 코페아 종이 가장 많이 발견된 곳은 마다가스카르, 카메룬, 탄자니아인데, 대부분의 코페아 종이 아프리카 대륙과 마다가스카르에 밀집해 있기 때문이다.

특히 마다가스카르는 아프리카 대륙으로부터 분리되어 고립된 '섬'이라는 지형적 특성상 고유한 생태계를 구성하고 있으며, 지역에 서식하는 동식물들이 잘 보존되어 있다. 또한 같은 섬 안에서도 다양한 지리적, 기후적 차이가 존재하기 때문에 그만큼 많은 종류의 야생 코페아 종이 발견되고 있고, 최근까지도 새로운 야생 코페아 종이 나타나고 있다. 마다가스카르가 코페아를 비롯한 야생 커피 종에 있어서 지역적으로 중요한 의미를 갖는 것도 이러한 이유에서다.

기존 커피품종을 개량해 생산성과 품질을 개선하고 새로운 품종을 찾기 위해서는 유전적 다양성을 확보하는 것이 중요한데, 최근 마다가스카르가 도시개발, 산림 벌채, 기후변화로 인해 고유 동식물들이 점점 사라지는데다 야생 품종도 멸종될 위험에 처해 있어 심각한 문제가 되고 있다.

3 Coffea Research and Development
코페아 연구 개발

그렇다면 우리에게 대중적으로 잘 알려진 아라비카와 위에서 살펴본 코페아 종 사이에는 어떤 관계가 있을까? 우선 아라비카는 카네포라나 리베리카보다 전반적인 커피 품질이 뛰어나며 커피시장에서 차지하는 비중도 가장 크다. 하지만 아라비카는 다른 두 종에 비해 상대적으로 병충해와 질병에 내성이 약하고 전염병에 취약하며 기후변화에 더 민감한 편이다. 이러한 특징 때문에 과거에는 주로 품종개량을 위해 카네포라와 리베리카를 아라비카와 교배하는 데 활용했지만, 최근에는 DNA 기술이 발전하면서 품종의 발전 과정을 역추적하는 등 보다 근본적인 접근이 중요해지고 있다.

대부분의 코페아 종이 타가수분으로 번식하지만 일부 품종에서 자가수분의 특징이 나타나기도 하는데, 그 중 하나가 아라비카의 조상으로 추정되는 '코페아 안토니(Coffea Anthonyi, 이하 C. Anthonyi)'다. 카메룬과 콩고민주공화국에서 처음 발견된 코페아 안토니는 형태학 분석과 고분자 연구를 통해 코페아 종 가운데 드물게 아라비카와 동일한 자가수분을 하는 품종으로 밝혀졌으며, 아라비카의 기원을 밝히는 데 중요한 품종으로 주목받고 있다.

코페아 종은 카페인의 관점에서도 비교적 많은 연구가 진행되었는데, 일부 연구에서 실란투스 속과 그 아속인 바라코페아에 카페인이 없다는 결과를 발표하기도 했다. 실제로 많은 코페아 종의 카페인 함량이 매우 낮거나 아예 없는 것으로 밝혀졌는데, 대표적으로 '코페아 슈도잔그(Coffea Pseudozangue, 이하 C. Pseudozangue)'를 들 수 있다. 코페아 슈도잔그는 아프리카의 야생 코페아 종 가운데 최초로 카페인이 없는 품종으로 보고되었으며, 이후 동아프리카가 기원인 '코페아 살바트릭스(Coffea Salvatrix, 이하 C. Salvatrix)'와 중앙아프리카가 기원인 '코페아 차리에리아나(Coffea Charrieriana, 이하 C. Charrieriana)'가 차례로 발견되었다.

이 밖에도 카페인 함량 자체가 현저히 낮은 품종이 많이 발견되었는데, 대표적인 예로 '코페아 파라판가넨시스(Coffea Farafanganensis, 이하 C. Farafanganensis)'가 0.03~0.05%, '코페아 마우리티아나(Coffea Mauritiana, 이하 C. Mauritiana)'가 0.07%, '코페아 밀로티(Coffea Millotii, 이하 C. Millotii)'가 0.03~0.05%의 카페인을 함유하고 있다.

이들보다 카페인 함량이 조금 더 높지만 아라비카에 비해서는 훨씬 적은 품종으로 0.2~0.8%의 카페인을 함유한 코페아 유게니오이데스와 '코페아 세실리플로라(Coffea Sessiliflora, 이하 C. Sessiliflora)', '코페아 키안자바텐시스(Coffea Kianjavatensis, 이하 C. Kianjavatensis)', '코페아 라세모사(Coffea Racemosa, 이하 C. Racemosa)' 등이 있다. 코페아 라세모사는 카페인이 적은 유전적 특성을 활용해 아라비카와 교배를 실시했으며 그렇게 탄생한 교배종 '아라모사(Aramosa)'는 다른 아라비카에 비해 카페인 함량이 낮은 것으로 알려졌다.

최근에는 야생 품종의 아라비카뿐만 아니라 카네포라와 교배를 통해 카페인 함량은 낮추고 질병에 대한 내성과 생산성을 높이는 연구가 활발하게 진행되고 있다. 몇몇 연구에서는 실제 개선된 사례가 나오기도 했으며, 이를 통해 향후 카네포라의 발전 가능성을 엿볼 수 있다. 코페아 종에 관한 연구는 앞으로 커피시장이 아라비카나 카네포라처럼 여러 위험요소에 노출되어 있는 품종을 개선하고 발전시켜 나가는 데 중요한 첫 걸음이 될 것이다.

COLUMN

Coffee Diseases and Pests
커피질병과 병충해

많은 동식물들이 원래 서식지가 아닌 새로운 환경에 적응해 나가는 과정에서 여러 문제점이 발생한다. 커피도 마찬가지로 특정 질병과 병충해로 인한 피해가 오늘날 커피시장에 심각한 문제를 야기하고 있다. 질병과 병충해의 타격을 입은 커피농가는 커피나무를 새로 심어 다시 열매를 수확하기까지 최소 3년의 시간을 기다려야 한다. 그동안 안전지대로 꼽혔던 고지대 농장도 더 이상 안심할 수 없다. 기후변화로 평년보다 많은 강수량과 높은 기온이 지속되면서 습기와 더운 날씨가 곰팡이 균을 키우거나 가뭄과 물 부족으로 커피 꽃의 개화량이 줄어들기 때문이다. 이는 실제 커피 산출량의 감소와 실업률 증가로 이어지고 있으며, 이미 많은 농부들이 일자리를 찾아 도시로 향하고 있다. 이처럼 커피질병과 병충해는 상당한 경제적 손실뿐만 아니라 식물의 멸종까지 초래할 수 있는 심각한 문제이며, 우리가 미처 인지하지 못한 사이에 당장 눈앞에 닥친 현실로 다가왔다. 2012년에 설립된 비영리단체 월드커피리서치(World Coffee Research, WCR)에서는 매년 전 세계 곳곳에서 발생하는 커피질병과 병충해를 모니터링하며 그 피해를 최소화하기 위해 다방면의 연구과제를 수행하고 새로운 품종 개발에 몰두하는 등 전방위적인 노력을 펼치고 있지만 아직 가야할 길이 많이 남은 상황이다.

Coffee Leaf Rust, CLR
커피녹병

(1)

'헤밀레이아 바스타트릭스(Hemileia Vastatrix)'라는 곰팡이에 의해 발생하며, 커피 재배에 치명적인 질병 중 하나이다. 대부분 곰팡이와 유사하게 장마철 집중호우나 이슬 등 오랜 시간 습기에 노출되었을 때 쉽게 감염된다. 보통 잎에 작고 동그란 노란색 점이 생기다가 점점 커지며 바람과 비, 곤충에 의해 타지역으로 전파되기도 한다. 감염이 진행된다고 해서 커피나무가 금방 죽는 것은 아니지만 광합성 능력이 저하되면 생산에 미치는 피해가 누적되고, 언제든 재발할 가능성이 있기 때문에 매년 조심해야 하는 전염병이다.

  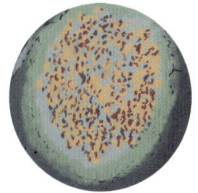

CLR 증상을 보이는 커피나무 잎과 곰팡이

Coffee Berry Disease, CBD
커피열매병

(2)

'콜레토트리쿰 카하웨(Colletotrichum Kahawae)'라는 곰팡이에 의해 발생하며, 감염될 경우 녹색 커피체리가 산발적으로 검게 변하고 열매가 통째로 마르거나 손상을 입어 떨어지는 현상이 나타난다. 커피열매병은 생산량이 80% 가까이 감소할 수 있는 매우 심각한 질병이다. 하지만 발병 초기 외관으로 확인하기 어렵고 줄기 안에 곰팡이 포자가 살고 있으며, 우기에 발생하기 때문에 비바람 등 여러 환경요인에 따라 전파될 가능성이 높다. 실제로 커피열매병에 감염된 열매 표면에 빗방울이 떨어지면서 곰팡이 포자가 나무 전체로 확산되기도 한다. 다행히 아프리카 외 다른 지역에서 발병한 사례는 아직 없지만 미주와 아시아의 일부 저지대는 고온 다습한 기후가 곰팡이 번식에 유리해서 예의주시할 필요가 있다. 사례가 많진 않지만 기후변화로 지구 온도가 꾸준히 상승하고 있고 정확히 밝혀진 예방법도 없어서 피해 발생 시 그 여파가 2~3년씩 계속되고 있는 상황이다.

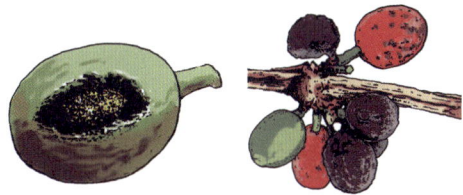

CBD에 감염된 커피체리

Coffee Wilt Disease, CWD
커피마름병

'지베렐라 자일라리오이드(Gibberella Xylarioides)'라는 곰팡이에 의해 발생하며, 다른 질병과 달리 커피나무를 바로 죽이기 때문에 더욱 위협적이다. 아직 연구 단계이긴 하지만 커피마름병에 감염될 경우 그 피해가 바나나 멸종에 버금가는 수준이 될 것이라는 분석도 나오고 있어 어느 과제보다 중요한 연구대상으로 여긴다. 커피마름병에 걸린 커피나무는 잎이 시들다가 퇴화하고 나뭇가지가 탈색되는 증상을 보이며 점차 나무 전체로 확산되기 시작한다. 커피마름병은 커피 재배의 어느 단계에서나 발생할 수 있으며, 증세가 나타나는 속도도 제각각 다른 것으로 알려졌다. 일반적으로 성숙한 나무는 발병하고 3~15개월 안에 죽지만 어린 나무는 발병 후 몇 주 만에 죽기도 한다.

1 CWD에 감염된 커피나무 가지
2 CWD에 감염된 커피나무 잎
3 CWD에 감염된 커피나무 일부가 마른 모습
4 CWD에 감염된 커피나무 밑부분과 뿌리

Drought
가뭄

- 그린 리모델링 : 에너지 소비가 많은 노후 건축물을 녹색 건축물로 전환시켜 에너지 효율과 성능을 끌어올리는 사업

커피산지에서 발생하는 가뭄의 주된 원인은 지구온난화로 인한 기온 상승과 이에 따른 토양의 수분 증발이다. 가뭄을 동반하는 기온 상승과 수분 증발은 대기 중 수증기의 흐름을 불규칙하게 만들어 강수 패턴을 바꾸고, 이는 곧 생산량 감소와 품질 저하라는 문제로 이어진다. 또 가뭄이 심해지면 커피꽃의 수분을 돕는 곤충이 죽게 되면서 커피 재배가 더욱 어려워진다. 커피산업이 빗물 관리를 통한 인프라 구축, 물 절약, 그린 리모델링(Green Remodeling)* 등 기후변화 대응과 환경보호에 지속적인 관심을 갖고 참여해야 하는 이유도 그 때문이다.

COLUMN

IUCN and Red List
멸종위험에 놓인 야생 코페아 종

　전 세계 자연보호구역의 상당수가 지구 환경 변화 및 인간의 환경 파괴로부터 점점 더 큰 위협을 받고 있다. 심지어 국립공원과 같이 국가가 지정하여 유지하고 관리하는 보호구역 내에서도 야생 동식물 보전을 위한 실질적인 관리 계획과 실행 방안이 제한적이라는 점이 문제시되고 있다.

　야생 코페아 종이 멸종위기에 처한 주된 이유 중 하나도 '커피나무의 제한된 서식 환경'과 이로 인한 '생산 면적의 한계'다. 커피는 종에 따라 해발 0m에서 2,000m까지 넓은 분포를 보인다. 그 중에서도 흔히 아라비카로 알려진 코페아 종은 해발 1,600~2,000m의 기온이 낮고 습도가 너무 높지 않은 제한된 조건에서 서식하는데, 지구온난화로 연 평균기온이 꾸준히 상승하면서 기존 서식지의 면적이 계속 줄어들고 있다. 더구나 무분별한 개발로 토지 용도 변경과 산림 벌채가 늘어나면서 생산지의 면적과 생산 환경의 질이 지속적으로 하락하고 있다. 또한 대부분의 야생 코페아 종이 2배체이면서 타가수분에 의존해 번식하기 때문에 스스로 군락을 형성하거나 개체군을 형성하기 어려워 서식지가 제한되는 점도 문제가 된다.

일반적으로 식물은 모종을 키워 옮겨 심는 방법으로 번식시키지만 씨앗이 신선한 상태일 때만 가능하며, 특히 커피나무의 씨앗인 생두는 온도와 습도 등 보관조건이 까다로워 대부분 묘목으로 기르다가 키가 40~60cm까지 자라면 그때 농장에 옮겨 심는다. 하지만 묘목 역시 비용이 많이 들고 빠르게 변하는 외부 환경과 타가수분에 의한 자연변이에 노출돼 있어 품종 고유의 특성을 유지하기가 상당히 어렵다.

많은 야생 코페아 종이 멸종위험에 처한 것도 커피나무의 생장 조건에 맞는 자연 상태의 서식지가 필요하고 이상적인 환경이 아니면 번식이 어렵기 때문이다.

국제자연보전연맹(International Union for Conservation of Nature, IUCN)은 1948년 국제연합(UN)의 지원을 받아 전 세계 자원 및 자연보호를 위해 설립된 국제기구로, 자원과 자연의 관리 및 동식물 멸종 방지를 위한 국가간 협력 증진을 도모하며, 야생동물과 야생식물의 서식지나 자생지 또는 학술적 연구 대상이 되는 자연을 보호하기 위해 자연보호 전략을 마련하여 회원국에 배포하고 있다.

IUCN는 멸종위험이 높은 순으로 야생생물의 적색목록 자료인 '레드 리스트(Red List)'를 만들어 종의 분포나 생식상황을 상세히 소개하고 있는데, 전체 커피 종을 100%로 가정했을 때 최소 60%가 멸종 위협을 받고 있으며 40%가량은 아직 채집조차 되지 않은 것으로 밝혀졌다. IUCN에서는 야생생물이 일정 기간 동안 더 이상 관찰되지 않은 경우 멸종으로 판단하며, 적색목록을 크게 9단계로 분류하고 있다.

IUCN의 적색목록 등급 기준

EX | Extinct 멸종

개체가 남지 않은 상태

EW | Extinct in the Wild 야생 멸종

보호시설이나 인공시설에서만 생존 가능한 상태

CR | Critically Endangered 심각한 멸종위험 종

야생에서 멸종될 가능성이 매우 높은 상태

EN | Endangered 멸종위험 종

야생에서 멸종될 가능성이 높은 상태

VU | Vulnerable 멸종에 취약한 종

야생에서 멸종위기에 처할 가능성이 높은 상태

NT | Near Threatened 멸종위기에 처한 종

가까운 미래에 야생에서 멸종될 우려가 있는 상태

LC | Least Concern 최소 우려 종

멸종위험이 낮고 위험 범주에 도달하지 않은 상태

DD | Data Deficient 정보 부족

멸종위험에 관한 평가 자료가 부족한 상태

NE | Not Evaluated 미평가

멸종위험에 관한 평가 작업을 거치지 않은 상태

이 분류에 따르면 현재 '멸종위험 종(EN)'이 가장 많은 지역은 마다가스카르이며, 이곳에 서식하는 동식물의 약 70%가 멸종위험인 것으로 알려졌다.

야생생물의 멸종위험은 종의 분포나 생식상황에 근거하여 직간접적으로 평가하기 때문에 정보가 불충분하거나 부적절한 경우 '정보 부족(DD)'으로 분류한다. 여기서 말하는 정보 부족이란 '불확실한 위협(Uncertain Threats)', '분류학적 불확실성(Taxonomic Uncertainty)', '오래된 기록(Old Records)', '불확실한 출처를 포함한 하나 이상의 요인(One or More of a Range of Factors Including Uncertain Provenance)'에서 비롯된다.

어떤 종은 생산국의 최신 동향이나 위협 요소에 대한 정보 부족으로 DD로 분류되기도 하는데, 대부분의 코페아 종은 재배를 목적으로 하지 않고 자연상태로 방치되어 있다가 개발에 의해 서식지 면적이 줄어들면서 멸종위기에 처하는 경우가 많다. DD로 분류된 커피 종 가운데 절반 이상이 1940년 이후 관찰되지 않고 있으며, 일부는 1900년 이전에 만들어진 기록으로만 존재한다.

최근 월드커피리서치가 발표한 바에 따르면 실제로 IUCN에 보고된 것보다 더 많은 커피 종들이 멸종위기에 노출되어 있는 것으로 밝혀졌다.

이처럼 기후변화가 가속화된 시대에 야생 코페아 종은 아무런 보호조치도 없이 멸종 임박이라는 최대 위기상황에 놓여 있다. 미래의 지속가능한 커피 생산과 커피산업의 경쟁력 강화를 위해 야생 코페아 종의 발견과 개선은 필수적이다. 그러나 이러한 사실에도 커피 종의 멸종위험성과 보존 우선순위에 관한 정확한 통계는 여전히 찾기 어렵다.

커피 종의 유전적 다양성을 확보하기 위해 현재 남아있는 커피 유전자 보존과 야생 커피 보호에 힘써야 할 시점이다. 주요 이해관계국들의 협력을 통해 국제사회 차원의 보편적 합의를 이끌어내며 인간에 의한 더 이상의 훼손과 서식지 파괴를 막기 위해 방법을 모색해야 한다.

3. 코페아 리스트
Coffea List

아속의 분류

코페아(Coffea) `CO`
실란투스(Psilanthus) `PS`
바라코페아(Baracoffea) `BA`
아프로코페아(Afrocoffea) `AC`

종의 분류

종(Species) `sp`
아종(Sub Species) `ssp`
품종(Variety) `var`

수목의 분류

상록수(Evergreen)
겨울철이나 기온이 낮은 계절에도 잎이 떨어지지 않고 일 년 내내 푸른색을 유지하는 나무. 잎이 넓은 활엽수와 뾰족한 잎을 가진 침엽수로 나뉜다. 낙엽수에 비해 잎이 두껍고 질겨 춥고 건조한 날씨에 잘 견딘다.

반상록수(Semi-Evergreen), 반낙엽수(Semi-Deciduous)
추운 곳에서는 잎이 지지만 따뜻한 곳에서는 녹색 잎을 유지하는 나무. 겨울 동안 잎이나 줄기가 부분적으로 푸른색을 띤다.

낙엽수(Deciduous)
잎의 수명이 일 년 이내이며 계절이 바뀌면서 떨어졌다가 새로 나는 나무. 보통 기온이 낮은 가을이나 겨울에 잎이 지고 봄에 새 잎이 난다.

계절성 건조림
계절에 따라 기후나 토질이 건조한 땅에 생기는 숲

Coffea Abbayesii `CO`

마다가스카르 남동부에서 발견. 해발 239~1,000m(주로 400~500m)의 습한 상록수 숲에 분포되어 있으며 카페인 함량이 낮고 IUCN 기준에 따라 멸종위기에 처한 종으로 분류된다.

Coffea Affinis `CO`

열대 서아프리카(기니, 코트디부아르, 시에라리온)에 분포되어 있고 형태적으로 'C. Stenophylla'와 'C. Liberica'의 자연교배종으로 추정되지만 현재 'C. Arabica'와 'C. Canephora'의 자연교배종으로 연구 중이다.

Coffea Alleizettii `CO`

마다가스카르 중부에서 발견. 해발 1,200m의 습한 상록수 숲에 분포되어 있으며 1962년 이후 수집되지 않아 존재 여부에 대한 추가 발견이 필요한 종이다. IUCN 기준에 따라 심각한 멸종위험 종으로 분류된다.

Coffea Ambanjensis `CO`

마다가스카르 북서부에서 발견. 해발 8~300m의 건조한(때때로 습한) 상록수 숲에 분포되어 있으며 카페인 함량이 낮고 IUCN 기준에 따라 멸종위기에 처한 종으로 분류된다.

Coffea Ambongensis `BA`

마다가스카르 서부에서 발견. 해발 3~50m에 자생하며 모든 코페아 종을 통틀어 커피체리의 크기가 가장 크다. 생두가 매우 건조하고 주름진 형태이며 2008년에 약 150년 만에 다시 발견되었을 만큼 제한적으로 분포되어 있다. IUCN 기준에 따라 심각한 멸종위험 종으로 분류된다.

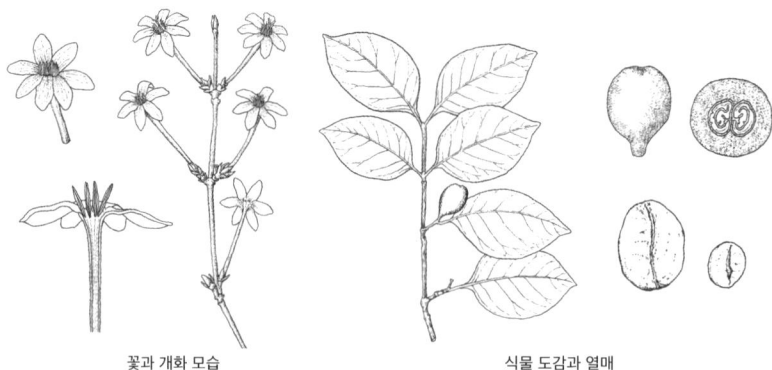

꽃과 개화 모습　　　　　식물 도감과 열매

Coffea Andrambovatensis CO

마다가스카르 동부에서 발견. 해발 400m의 습한 상록수 숲에 분포되어 있으며 아직 자세한 연구자료가 부족해 추가 연구가 더 필요한 상태다.

Coffea Ankaranensis CO

마다가스카르 북부에서 발견. 해발 200~600m의 낙엽수 또는 상록수 숲이나 계절성 건조림, 석회암 지대 등에 분포되어 있다. IUCN 기준에 따라 멸종위기에 처한 종으로 분류된다.

Coffea Anthonyi CO

열대 서아프리카(카메룬, 콩고민주공화국)에 분포. 해발 350~900m에 자생하며 코페아 종 가운데 드물게 자가수분의 특징을 가지고 있다. 잎이 작고 카페인 함량은 약 0.62%, 클로로젠산(Chlorogenic Acid) 함량은 약 4.65%이며, 'C. Arabica'의 서식지와 겹친다는 점에서 아라비카의 기원과 관련해 유전자원을 지닌 종으로 알려져 있다.

꽃과 식물 도감

Coffea Arabica CO

아프리카 북동부(에티오피아, 남수단공화국, 케냐)가 기원인 토착종으로 상업적 커피 재배에 있어서 중요한 의미를 지닌다. 지금으로부터 약 108만 년에서 54만 년 전 'C. Eugenioides'와 'C. Canephora'의 자연교배를 통해 탄생했을 것으로 추정되며, 건기와 우기가 뚜렷하고 강우분포가 고르며 평균기온이 20°C인 안팎인 아열대 기후와 배수가 잘 되는 토양 등 섬세한 재배조건이 요구된다. 토착종과 자연변종, 교배종까지 개체군의 규모가 크고 넓게 분포되어 있지만 토착종은 에티오피아 남서부 지역에 제한적으로 분포되어 있으며, 이마저도 기후변화와 질병, 산림 벌채, 다양성 부족이라는 유전적 한계 때문에 점차 감소하고 있는 추세다. 2018년에 IUCN 기준에 따라 멸종위기에 처한 종으로 분류되었다.

식물 도감

Coffea Arensesiana CO

마다가스카르 동부에서 발견. 해발 1,000~1,200m의 습한 상록수 숲에 분포되어 있으며 IUCN 기준에 따라 멸종위기에 처한 종으로 분류된다.

Coffea Augagneurii CO

마다가스카르 북부에서 발견. 해발 500~800m의 습한 상록수 숲에 분포되어 있으며 'C. Arabica', 'C. Canephora'와 관련된 야생종으로 연구 중이다. 카페인은 없지만 쓴맛이 나는 카페마린(Cafemarin)이라는 성분 때문에 음료로 사용하기에는 부적합하다. IUCN 기준에 따라 멸종위기에 처한 종으로 분류된다.

Coffea Bakossii CO

카메룬 서부에서 발견. 해발 700~900m의 습한 상록수 숲이나 열대우림에 분포되어 있으며 'C. Montekupensis', 'C. Liberica'와 관련된 야생종으로 연구 중이다. IUCN 기준에 따라 멸종위기에 처한 종으로 분류된다.

Coffea Benghalensis PS

아시아의 해발 150~1,200m의 습한 열대림과 아열대림에 분포되어 있으며 'C. Arabica', 'C. Canephora'와 관련된 야생종으로 연구 중이다.

| var | Bababudanii - 인도 서부에 분포
| var | Benghalensis - 인도, 네팔, 부탄에서 발견

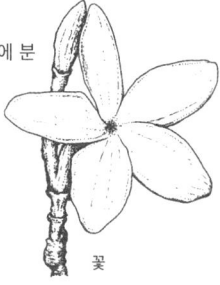

꽃

Coffea Bertrandii CO

마다가스카르 남부에서 발견. 해발 25~500m의 습한 상록수 숲이나 계절성 건조림 또는 건조한 가시덤불에 분포되어 있으며 환경 적응에 유연한 것으로 보인다. 'C. Arabica', 'C. Canephora'와 관련된 야생종으로 연구 중이다.

Coffea Betamponensis CO

마다가스카르 동부에서 발견. 해발 200~450m의 습한 상록수 숲에 분포되어 있으며 IUCN 기준에 따라 멸종위기에 처한 종으로 분류된다.

Coffea Bissetiae BA

마다가스카르에서 발견. 해발 10~240m에 자생하며 2008년에 처음 발표되었다.

꽃과 열매와 식물 도감

Coffea Boinensis BA

마다가스카르 서부에서 발견. 해발 170~210m의 계절성 건조림에 분포되어 있으며 IUCN 기준에 따라 멸종위기에 처한 종으로 분류된다.

Coffea Boiviniana CO

마다가스카르에서 발견. 해발 50~500m의 건조한 숲이나 연안 모래 또는 현무암 지대의 반낙엽수 숲에 분포되어 있으며 환경 적응에 유연한 것으로 보인다.

> ssp Boviniana - 마다가스카르 북부에서 발견
> ssp Drakei - 마다가스카르 북서부에서 발견

Coffea Bonnieri CO

마다가스카르 북부에서 발견. 해발 600~1,100m의 습한 상록수 숲에 분포되어 있으며 카페인은 없지만 쓴맛이 나는 카페마린이라는 성분 때문에 음료로 사용하기에는 부적합하다. IUCN 기준에 따라 멸종위기에 처한 종으로 분류된다.

Coffea Brassii AC

파푸아뉴기니와 호주에서 발견. 해발 15~300m에 분포되어 있으며 커피나무가 약 3m 높이로 자란다.(보통 커피나무의 키는 아라비카가 5~6m, 카네포라가 10~12m이며 2~3m 정도 자랐을 때 가지치기 한다)

Coffea Brevipes CO

열대 중앙아프리카(카메룬, 콩고민주공화국, 가봉)에 분포. 해발 200~1,450m의 습한 상록수 숲에 분포되어 있다.

Coffea Bridsoniae CO

탄자니아 북동부에서 발견. 해발 250~450m의 습한 상록수 숲에 분포되어 있으며 'C. Arabica'와 관련된 야생종으로 연구 중이다. IUCN 기준에 따라 멸종위기에 처한 종으로 분류된다.

꽃과 개화 모습

Coffea Buxifolia CO

마다가스카르 중부에서 발견. 해발 1,250~2,000m의 습한 상록수 숲이나 경엽수림(잎이 작고 단단하며 키가 작은 나무숲)에 분포되어 있으며 'C. Arabica', 'C. Canephora'와 관련된 야생종으로 연구 중이다.

Coffea Canephora CO

열대 아프리카 전역에 분포. 해발 50~1,500m(주로 250~1,500m)의 습한 상록수 숲이나 계절성 건조림에 분포되어 있다. 흔히 '로부스타(Robusta)'라고 불리며 저지대에서 재배된다.

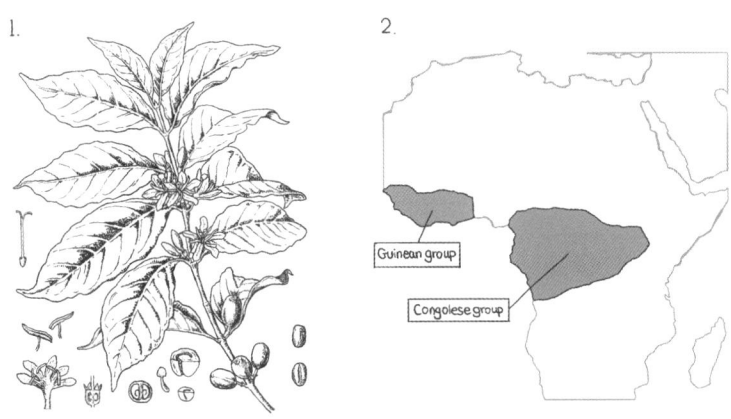

1 식물 도감
2 분포 지역에 따라 'Guinean Group'과 'Congolese Group'으로 분류

- sp Apotà
- sp Baflingdala
- sp Bossematie
- sp Cameroon
- sp Doungba
- sp Ebobo
- sp Fourougbankoro
- sp Gbapleu
- sp IRA1
- sp IRA2
- sp IRCC
- sp Kouillou/Quillou(Conillon)
- sp Laurentii
- sp Libengue
- sp Maraoue
- sp Ndongue
- sp Nemaya
- sp Quillouensis
- sp Robusta
- sp Ugandae

Coffea Carrissoi CO

앙골라에서 발견. 해발 800~1,200m의 습한 상록수 숲에 분포되어 있다. 앙골라에서 자라는 야생종이 멸종위기에 가까워졌다고 하지만 아직 종 자체에 대한 연구가 더 필요한 상태다.

Coffea Charrieriana CO

카메룬에서 발견. 카페인이 없다고 기록된 최초의 야생종으로 카메룬 남서부에 위치한 바코스 숲 보호구역(Bakossi National Park)의 해발 160m에서 수집되었다. 20세기 마지막 30년 동안 커피 재배 연구를 이끈 IRD(L'Institut de Recherche pour le Développement) 소속 안드레 샤리에(André Charrier) 교수의 이름을 따 명명했으며, 형태적으로는 코페아에 속하지만 해부학적 특징은 실란투스와 유사해 전형적인 두 종의 조합으로 볼 수 있다. IUCN 기준에 따라 심각한 멸종위험 종으로 분류된다.

식물 도감

Coffea Cochinchinensis AC

캄보디아에서 발견. 1870년에 유일하게 캄보디아에서 수집되었지만 아직 자세한 연구 자료가 부족해 추가 연구가 더 필요한 상태다.

Coffea Commersoniana CO

마다가스카르 북동부에서 발견. 해발 0~260m의 연안 모래 지대와 습한 숲에 자생하며, 'C. Arabica', 'C. Canephora'와 관련된 야생종으로 연구 중이다.

Coffea Congensis CO

중앙아프리카(카메룬, 중앙아프리카공화국, 콩고민주공화국, 가봉)에 분포. 1880~1900년에 콩고 강 인근에서 발견됐으며 해발 300~500m의 습한 상록수 숲에 분포되어 있다. 처음 발견된 지역의 이름을 따 명명하고 새로운 환경 적응을 통해 다양한 품종으로 발전했다. 'C. Arabica', 'C. Canephora'와 관련된 야생종으로 연구 중이다.

- var Chalotii
- var Oubanghensis
- var Froehneri
- var Subsessilis
- var Micrantha

Coffea Costatifructa CO

탄자니아 동부에서 발견. 해발 10~700m에 자생하며 기후변화에 민감한 것으로 보인다. 대부분 건조한 지역에 분포되어 있고, 'C. Arabica'와 관련된 야생종으로 연구 중이다. IUCN 기준에 따라 멸종위기에 처한 종으로 분류된다.

Coffea Coursiana CO

마다가스카르에서 발견. 해발 1~1,200m의 습한 상록수 숲에 분포되어 있으며 'C. Arabica', 'C. Canephora'와 관련된 야생종으로 연구 중이다.

| ssp | Coursiana - 마다가스카르 동부에서 발견
| ssp | Littoralis - 마다가스카르 동부에서 발견

Coffea Dactylifera CO

콩고민주공화국에서 발견. 콩고 북동부에 위치한 해발 470~980m의 습한 상록수 숲에 분포되어 있으며 'C. Arabica', 'C. Canephora'와 관련된 야생종으로 연구 중이다.

Coffea Decaryana BA

마다가스카르 서부에서 발견. 유일하게 마다가스카르 나모로카 국립공원(Tsingy de Namoroka National Park)에서 수집되었으며, 엄격하게 관리되는 자연보호구역에서 어느 정도 보호를 받고 있지만 매년 주변에서 일어나는 벌목과 목초지 조성을 위한 화전 등 환경 변화에 영향을 받고 있을 것으로 추정된다. 몇 차례 식물학자들이 방문해 지역적 분포는 확인했지만 아직 영역과 범위가 불분명하며 재배고도 설정되지 않은 상태다. IUCN 기준에 따라 심각한 멸종위험 종으로 분류된다.

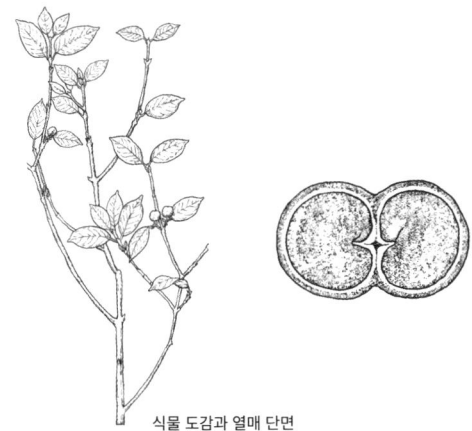

식물 도감과 열매 단면

Coffea Dubardii CO

마다가스카르 북부에서 발견. 해발 30~1,000m의 계절성 건조림과 습한 상록수 숲, 연안 모래, 현무암 등 다양한 지대에 분포되어 있어 환경 적응에 유연한 것으로 보인다. 'C. Arabica', 'C. Canephora'와 관련된 야생종으로 연구 중이다.

Coffea Ebracteolata AC

열대 서아프리카 전역에 분포. 해발 0~1,550m의 건조하고 습한 지역에 분포되어 있으며 가시덤불, 저지대, 산간지대 등 다양한 지대에서 발견된다. 'C. Arabica'와 관련된 야생종으로 연구 중이다.

Coffea Eugenioides CO

열대 아프리카 전역에 분포. 해발 1,900~2,100m의 습한 상록수 숲에 자생. 'C. Canephora'와 함께 'C. Arabica'의 선조로 알려져 있으며 커피의 유전적 기원을 연구하는 과정에서 'C. Congensis', 'C. Anthonyi', 'C. Kivuensis', 'C. Heterocalyx'가 'C. Arabica'와 연관이 있는 것으로 알려졌지만(2007), 최근 연구에 따르면 'C. Anthonyi'와 'C. Heterocalyx'가 자가수분의 특징을 갖고 있으나 'C. Arabica'와 분포 지역이 다르다는 점에서 기원적으로 큰 관련이 없다고 밝혀졌다.

식물 도감

Coffea Fadenii `CO`

케냐 남부와 탄자니아 북부에서 발견. 해발 1,440~2,070m의 습한 상록수 숲에 분포되어 있으며 기후나 고도, 외부 환경 변화에 매우 민감하다. 'C. Arabica', 'C. Canephora'와 관련된 야생종으로 연구 중이며, IUCN 기준에 따라 멸종위기에 처한 종으로 분류된다.

Coffea Farafanganensis `CO`

마다가스카르 남동부에서 발견. 마다가스카르 피아나란초아(Fianarantsoa) 지역의 이름을 따 명명했으며, 해발 10~100m의 습한 상록수 숲에 분포되어 있다. 카페인 함량은 0.03~0.05%으로 매우 낮은 편이며, 'C. Arabica', 'C. Canephora'와 관련된 야생종으로 연구 중이다. IUCN 기준에 따라 멸종위기에 처한 종으로 분류된다.

Coffea Floresiana `AC`

인도네시아에서 발견. 인도네시아 소순다 열도(Lesser Sunda Islands)의 계절성 건조림에 자생하며, 아직 자세한 연구자료가 부족해 추가 연구가 더 필요한 상태다.

Coffea Fotsoana `CO`

카메룬 남서부에서 발견. 2004년에 처음 발견되었으며 해발 800m의 습한 상록수 숲에 분포되어 있다. 'C. Arabica', 'C. Canephora'와 관련된 야생종으로 연구 중이며, IUCN 기준에 따라 심각한 멸종위험 종으로 분류된다.

Coffea Fragilis `CO`

마다가스카르에서 발견. 'C. Arabica'와 관련된 야생종으로 연구 중이다. 아직 자세한 연구자료가 부족해 추가 연구가 더 필요한 상태다.

Coffea Fragrans `AC`

방글라데시에서 발견. 인도에서 재배된 것으로 보고됐으나 미얀마에서도 일부 발견되었다. 형태적으로 'C. Travancorensis'와 유사해 혼동되기도 하지만 서식지가 남부 인도와 스리랑카라는 점에서 구분된다. 아직 자세한 연구자료가 부족해 추가 연구가 더 필요한 상태다.

Coffea Gallienii `CO`

마다가스카르 북부 앰버마운틴 국립공원(Montagne d'Ambre National Park)의 안치라나나(Antsiranana) 섬에서 발견. 해발 800~1,028m의 습한 상록수 숲에 자생하며 'C. Arabica', 'C. Canephora'와 관련된 야생종으로 연구 중이다. 카페인은 없지만 쓴맛이 나는 카페마린이라는 성분 때문에 음료로 사용하기에는 부적합하다. IUCN 기준에 따라 멸종위기에 처한 종으로 분류된다.

Coffea Grevei BA

마다가스카르 툴레아(Toliara)와 마하장가(Mahajanga) 지역에서 발견. 해발 5~250m 의 건조한 숲이나 가시덤불에 자생하며 'C. Arabica'와 관련된 야생종으로 연구 중이다. 동의어로 'C. Morondavensis', 'C. Capuronii'이 있다.

| ssp | Grevei - 마다가스카르 서부에서 발견
| ssp | Mahajangensis - 마다가스카르 북서부에서 발견

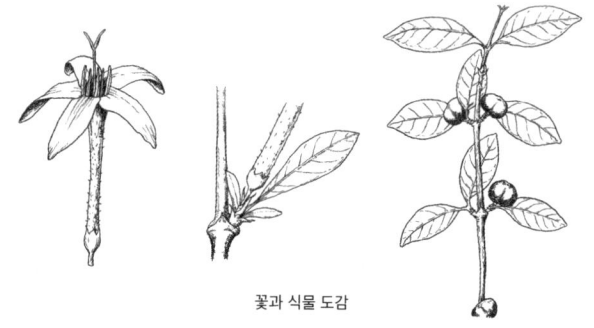

꽃과 식물 도감

Coffea Heimii CO

마다가스카르 북부 앰버마운틴 국립공원의 안치라나나 섬에서 발견. 해발 123~281m 의 모래 또는 석회암 지대나 계절적으로 건조한 반낙엽수 숲에 자생하며 커피나무는 0.5~4m 높이로 자란다. 'C. Arabica', 'C. Canephora'와 관련된 야생종으로 연구 중이다.

Coffea Heterocalyx CO

카메룬 남서부에서 발견. 해발 700~850m의 촉촉한 상록수 숲 또는 반낙엽수 숲에 자 생한다. 커피나무의 꽃과 잎 등 형태적 근거와 서식지에 기반해 'C. Canephora'와 밀접 한 관련이 있을 것으로 추정되지만 코페아 종 가운데 드물게 자가수분의 특징을 가지고 있다. IUCN 기준에 따라 심각한 멸종위험 종으로 분류된다.

Coffea Homollei CO

마다가스카르 동부에서 발견. 해발 400~1,200m의 습한 상록수 숲에 자생하며 'C. Arabica', 'C. Canephora'와 관련된 야생종으로 연구 중이다.

Coffea Horsfieldiana CO

인도네시아 자바에서 발견. 아직 자세한 연구자료가 부족해 추가 연구가 더 필요한 상 태다.

Coffea Humbertii BA

마다가스카르 남서부에서 발견. 해발 30~750m의 계절적으로 건조한 낙엽수 숲과 연안 모래, 석회암 지대에 자생한다. 'C. Arabica'와 관련된 야생종으로 연구 중이다.

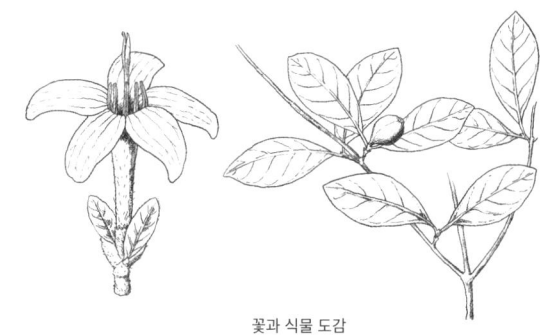

꽃과 식물 도감

Coffea Humblotiana CO

아프리카 코모로(Comoros)에서 발견. 해발 400~850m에 자생하며 'C. Arabica', 'C. Canephora'와 관련된 야생종으로 연구 중이다. IUCN 기준에 따라 멸종위기에 처한 종으로 분류된다.

Coffea Humilis CO

열대 서아프리카(아이보리코스트, 라이베리아, 시에라리온, 기니)에 분포. 커피나무는 해발 70~600m의 습윤한 기후와 열대우림에서 0.1~1.5m까지 다양한 높이로 자란다. 'C. Arabica'와 관련된 야생종으로 연구 중이며 'C. Liberica', 'C. Stenophylla'와 유전적 관계가 있는 것으로 알려졌다.

Coffea Jumellei CO

마다가스카르 북부 앰버마운틴 국립공원의 안치라나나 섬에서 발견. 해발 140~560m의 습한 상록수 숲과 계절적으로 건조한 반낙엽수 숲에 자생하며 IUCN 기준에 따라 멸종위기에 처한 종으로 분류된다.

Coffea Kapakata CO

앙골라 서부 사바나에서 발견. 전형적인 타원형 잎과 잎 모양의 꽃받침, 잎맥처럼 튀어나온 열매 표면이 형태적으로 'C. Anthonyi'와 구분되며, 커피나무는 0.5~4m 높이로 자란다. 습한 상록수 숲에 자생하며 원숭이에 의해 씨앗이 확산되는 것으로 알려졌다. 동의어로 'C. Kasingo'가 있다.

Coffea Kianjavantensis co

마다가스카르 동부에서 발견. 해발 300~500m에 자생하며 재배된 커피(cultivated coffee)의 야생종이다. 마다가스카르 키안자바토(Kianjavato) 지역에 분포되어 있지만 최근 수변이 개발되면서 개체수가 줄어들 것으로 예상된다. 아직 정확한 감소율은 알려지지 않았으며 추가 연구가 더 필요한 상태다. IUCN 기준에 따라 멸종위기에 처한 종으로 분류된다.

Coffea Kihansiensis co

탄자니아 중부에서 발견. 해발 800~900m의 평평하거나 약간 경사진 지대의 습한 상록수 숲에 자생하며 'C. Arabica', 'C. Canephora'와 관련된 야생종으로 연구 중이다. IUCN 기준에 따라 심각한 멸종위험 종으로 분류된다.

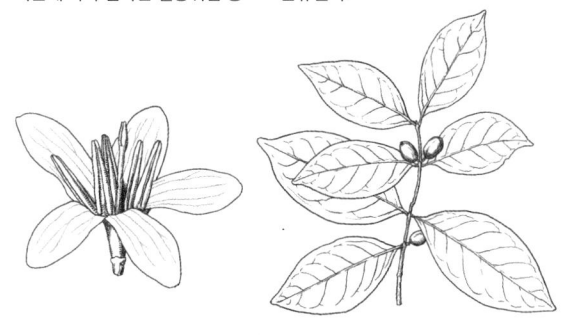

꽃과 식물 도감

Coffea Kimbozensis co

탄자니아 동부에서 발견. 유일하게 탄자니아 킴보자(Kimboza) 숲에서 수집되었으며 해발 300~450m의 석회질 토양을 가진 습한 상록수 숲에 자생한다. 'C. Arabica'와 관련된 야생종으로 연구 중이며, IUCN 기준에 따라 심각한 멸종위험 종으로 분류된다.

Coffea Kivuensis co

콩고민주공화국 동부에서 발견. 르완다와의 국경지대에 위치한 카후지-비에가 국립공원(Kahuzi-Biega National Park)의 키부(Kivu) 호수 인근에서 발견되어 이곳의 이름을 따 명명했다. 해발 1,900~2,100m의 습한 상록수 숲에 분포되어 있으며 'C. Arabica', 'C. Canephora'와 관련된 야생종으로 연구 중이다. 특히 'C. Arabica'의 부모 중 하나인 'C. Eugenioides'의 열성 유전자와 관련된 자매종*으로 연구 중이며 실제 꽃, 잎, 열매 등이 형태적으로 'C. Arabica'와 유사한 특징을 가지고 있다. IUCN 기준에 따라 멸종위기에 처한 종으로 분류된다.

* 자매종 : 하나의 공통 조상으로부터 한 번의 종 분화를 통해 생긴 종들의 쌍 또는 군. 형태적으로 구분하기 어려울 만큼 매우 유사한 특징을 보인다.

Coffea Labatii BA

마다가스카르 서부에서 발견. 마다가스카르 베마라하(Tsingy de Bemaraha National Park) 국립공원의 해발 100~200m에 위치한 석회암 지대의 계절적으로 건조한 낙엽수 숲에 자생한다. 날개처럼 생긴 독특한 모양 때문에 바람과 물에 잘 움직이는 형태로 발전했을 것으로 추정된다.

열매와 식물 도감

Coffea Lancifolia CO

마다가스카르 동부에서 발견. 해발 300~500m의 습한 상록수 숲에 자생하며 'C. Arabica', 'C. Canephora'와 관련된 야생종으로 연구 중이다. IUCN 기준에 따라 멸종위기에 처한 종으로 분류된다.

- var Auriculata
- var Lancifolia

Coffea Lebruniana AC

열대 중서부 아프리카(콩고민주공화국, 적도기니, 가봉)에 분포되어 있으며, 해발 100~630m의 반낙엽수 숲이나 진흙토, 그늘 숲, 저지대 숲, 사바나 등 다양한 지대에서 발견된다.

Coffea Leonimontana CO

카메룬 남서부에서 발견. 해발 50m의 습한 상록수 숲이나 반낙엽수 숲에 자생하며 커피나무의 키는 2~4m로 작은 편이다. 1971년에 수집된 표본을 통해서만 존재하며 재발견을 위해 추가 탐사를 진행하기도 했지만 실패했다. 분포 범위가 매우 좁아서 개체수가 줄거나 멸종했을 것으로 추정된다. 'C. Arabica', 'C. Canephora'와 관련된 야생종으로 연구 중이며, IUCN 기준에 따라 심각한 멸종위험 종으로 분류된다.

Coffea Leroyi `CO`

마다가스카르 동부에서 발견. 해발 400~1,488m의 습한 상록수 숲에 자생하며 'C. Arabica', 'C. Canephora'와 관련된 야생종으로 연구 중이다.

Coffea Liaudii `CO`

마다가스카르 동부에서 발견. 해발 800~1,400m의 습한 상록수 숲에 자생하며 커피나무가 2~3.5m 높이로 자란다. 'C. Arabica', 'C. Canephora'와 관련된 야생종으로 연구 중이며, IUCN 기준에 따라 멸종위기에 처한 종으로 분류된다.

Coffea Liberica `CO`

1792년에 시에라리온, 1841년에 라이베리아에서 발견. 이름은 라이베리아에서 따왔으며 해발 80~2,100m의 계절적으로 물이 범람하는 숲이나 습도가 낮고 건조한 상록수 숲, 낙엽수 숲 등 다양한 지대에 분포되어 있다. 1875년에 네덜란드인들에 의해 인도네시아로 전달됐고, 현재는 말레이시아, 베트남, 필리핀, 서아프리카에 분포되어 있다. 커피나무가 5~10m까지 다양한 높이로 자라며, 생두 끝이 뾰족하고 길쭉하며 빛깔이 진하고 커피체리의 과육이 두꺼운 것이 특징이다.

- `var` Dewevrei - 열대 중서부 아프리카(중앙아프리카공화국, 콩고민주공화국), 북동부 아프리카(수단, 남수단공화국, 우간다) 서부에 분포
- `var` Liberica - 열대 서아프리카(베냉, 가나, 기니, 아이보리코스트, 라이베리아, 나이지리아), 중서부 아프리카(카메룬, 중앙아프리카공화국, 콩고민주공화국, 가봉), 북동부 아프리카(우간다), 남아프리카(앙골라)에 분포

Coffea Ligustroides `CO`

짐바브웨 동부에서 발견. 해발 1,000~1,200m의 건조한 상록수 숲과 하층식생에 분포되어 있으며 17개 표본이 수집되었다는 기록이 남아있지만 이 중 11개만 충분한 지역 정보를 가지고 있다.

Coffea Littoralis `CO`

마다가스카르 북동부에서 발견. 해발 0~250m에 자생하며 처음에는 프랑스 식물학자이자 국립자연사박물관 교수인 장 프랑수아 르로이(Jean François Leroy)에 의해 'C. Vohemarensis'로 명명됐으나 이후 연안 초목 지대에서 발견되어 'C. Littoralis'라는 이름을 새로 붙였다. IUCN 기준에 따라 멸종위기에 처한 종으로 분류된다.

Coffea Lulandoensis `CO`

탄자니아 중부에서 발견. 탄자니아 우드중와(Udzungwa) 산과 루란다(Lulanda) 숲의 해발 1,450~1,600m에 위치한 습한 상록수 숲에 자생하며, 'C. Kihansiensis', 'C. Kimbozensis'와 마찬가지로 분포 범위가 매우 좁기 때문에 추가 연구가 더 필요한 상태다.

Coffea Mabesae `CO`

필리핀에서 발견. 해발 20~550m의 상록수 숲과 강 주변에 서식하며 커피나무는 1m까지 자라는 것으로 추정된다. 아직 자세한 연구자료가 부족해 추가 연구가 더 필요한 상태다.

Coffea Macrocarpa `CO`

모리셔스에서 발견. 해발 280~700m에 자생하며 모리셔스 고유품종으로 추후 연구를 통해 재분류될 가능성이 높다. 크기가 큰 열매라는 뜻에서 지은 이름이며, 'C. Arabica', 'C. Canephora'와 관련된 야생종으로 연구 중이다.

Coffea Madurensis `AC`

인도네시아에서 발견. 19세기 후반 인도네시아의 자바 섬, 마두라(Madura) 섬, 와탕안(Watangan) 산에서 수집됐다는 기록이 남아있고 여전히 발견되지만, 아직 자세한 연구자료가 부족해 확실한 조사가 시급한 상황이다.

Coffea Magnistipula `CO`

카메룬 남동부와 가봉 서부에서 발견. 해발 400~800m의 습한 상록수 숲에 자생하며 잎의 길이가 최대 48cm까지 자라는 특징이 있다. 어둡고 습한 서식 환경에 적응한 것으로 보이며, 커피나무는 보통 건축용과 연료용 목재로 많이 사용된다.

Coffea Malabarica `AC`

인도 서부에서 발견. 1836년에 스코틀랜드 외과의이자 런던 린네학회 회원으로 활동했던 로버트 와이트(Robert Wight)가 인도 말라바(Malabar) 지역에서 수집했다고 알려졌으며, 이곳은 지금 케랄라(Kerala) 주 북쪽일 것으로 추정된다. 아직 자세한 연구자료가 부족해 추가 연구가 더 필요한 상태다.

Coffea Mangoroensis `CO`

마다가스카르 동부에서 발견. 해발 850~1,123m의 습한 상록수 숲과 늪지대에 분포되어 있으며 'C. Arabica', 'C. Canephora'와 관련된 야생종으로 연구 중이다.

Coffea Mannii `PS`

열대 중서부 아프리카(카메룬, 중앙아프리카공화국, 콩고민주공화국, 아이보리코스트, 적도기니, 가봉, 가나, 라이베리아, 나이지리아, 시에라리온)에 분포. 해발 5~1,600m의 연안 지대와 습한 상록수 숲, 고지대 숲 등 다양한 서식지에서 발견됐다는 기록이 남아있으며, 커피나무의 키가 약 0.5m로 매우 작은 편이다.

Coffea Manombensis `CO`

마다가스카르 남동부에서 발견. 해발 0~1,200m의 습한 상록수 숲에 자생하며 'C. Arabica', 'C. Canephora'와 관련된 야생종으로 연구 중이다. IUCN 기준에 따라 멸종위기에 처한 종으로 분류된다.

Coffea Mapiana `CO`

카메룬 남부에서 발견. 캄포 마안 국립공원(Campo Ma'an National Park)의 해발 100~650m에 위치한 저지대의 습한 상록수 숲에 허브와 함께 자생하며, 'C. Liberica'를 비롯해 같은 계열의 품종들과 계통학적으로 가장 가깝다. 'C. Arabica', 'C. Canephora'와 관련된 야생종으로 연구 중이다.

꽃과 식물 도감, 열매와 단면

Coffea Mauritiana `CO`

모리셔스와 레위니옹 섬에서 발견. 해발 270~1,500m의 습한 산간지대에 분포되어 있으며 모리셔스의 경우 고지대의 초습지에 자생한다. 1783년에 프랑스 생물학자 장 바티스트 라마르크(Jean Baptiste Lamarck)에 의해 처음 언급됐으며, 지리적으로 서아프리카에 위치한 모리나티(Mauritania)에 기원한다. 'C. Arabica', 'C. Canephora'와 관련된 야생종으로 연구 중이다.

- 2차적 관계 : 유전자의 25%를 공유하는 관계. 1차적 관계는 유전자의 50%를 공유하는 관계를 뜻한다.

Coffea Mayombensis CO

열대 서아프리카(나이지리아), 중서부 아프리카(카메룬 서부, 가봉, 카메룬 동부, 콩고민주공화국 서부), 남아프리카(앙골라)에 분포. 해발 30~900m의 습한 상록수 숲과 깊은 그늘 등에 자생한다. 'C. Arabica', 'C. Canephora'와 관련된 야생종으로 연구 중이며, 특히 로부스타와 유전적으로 2차적 관계(Second-degree Relative)*가 있는 것으로 연구되어 잠재적 유전 자원으로 활용될 가능성이 있다.

Coffea Mcphersonii CO

마다가스카르 북동부에서 발견. 해발 50~450m에 위치한 바위 지대의 상록수 숲에 분포되어 있다. 마다가스카르 북부에 위치한 다리아나(Dariana)라는 도시의 로키 마남바토(Loky Manambato) 보호구역에 자생하는 것으로 알려졌으며 1960~1970년대 기록에 의하면 보호구역 내 5개 지역에서 발견되었다고 전해진다. 분포 지역이 제한적인 데다 대부분 고립된 서식지이기 때문에 멸종위기로 간주한다. 'C. Arabica', 'C. Canephora'와 관련된 야생종으로 연구 중이며, IUCN 기준에 따라 멸종위기에 처한 종으로 분류된다.

Coffea Melanocarpa AC

앙골라 북서부 카빈다(Cabinda)에서 발견. 해발 750m의 열대우림에 자생하며 검은색 열매라는 뜻에서 지은 이름이다. 일부 숲에 서식지가 남아있긴 하지만 최근 분포 지역에 대한 정보가 부족하고 그마저도 산림 손실로 인해 계속 위협받고 있는 상태라 추가 연구가 더 필요하다.

Coffea Merguensis AC

미얀마, 태국, 캄보디아에서 발견. 해발 50~350m의 습지와 건조림 등 다양한 서식지와 자연보호구역에 자생하고 있지만 표본을 수집했던 지역에 여전히 존재하는지 추가 연구가 더 필요한 상태다. 보호구역 이외의 서식지는 분포 범위 자체가 불분명하고 서식 환경의 품질도 계속 떨어지는 추세다.

Coffea Millotii CO

마다가스카르 동부에서 발견. 해발 5~1,500m의 연안 모래 지대와 내륙의 울창한 상록수 숲에 자생하며, 카페인 함량이 0.03~0.05%로 매우 낮은 편이다. 'C. Arabica', 'C. Canephora'와 관련된 야생종으로 연구 중이다.

Coffea Minutiflora CO

마다가스카르 남동부에서 발견. 해발 80~100m의 바위 지대와 습한 상록수 숲에 자생하며 꽃잎이 작다는 뜻에서 지은 이름이다. 2003년에 런던 큐왕립식물원(Royal Botanic Gardens, Kew)의 선임 연구원이자 아프리카, 마다가스카르, 아시아를 중심으로 코페아 분류 체계를 연구한 아론 P. 데이비스(Aaron P. Davis) 박사와 큐왕립식물원 마다가스카르 보호센터의 프랑크 라코토나솔로(Franck Rakotonasolo)에 의해 새로운 품종으로 밝혀졌으며 아직까지는 1964년과 2011년에 수집된 표본을 통해서만 존재한다. IUCN 기준에 따라 심각한 멸종위험 종으로 분류된다.

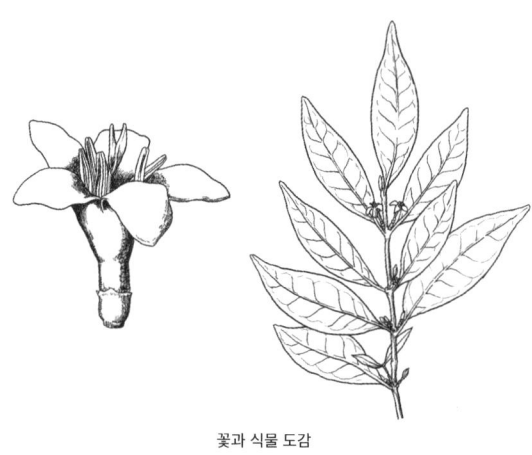

꽃과 식물 도감

Coffea Mogenetii CO

마다가스카르 북부에서 발견. 해발 800~1600m의 습한 상록수 숲에 자생하며 카페인은 없지만 쓴맛이 나는 카페마린이라는 성분 때문에 음료로 사용하기에는 부적합하다. 'C. Arabica', 'C. Canephora'와 관련된 야생종으로 연구 중이며, IUCN 기준에 따라 멸종 위기에 처한 종으로 분류된다.

Coffea Mongensis CO

탄자니아 동부에서 발견. 해발 1,100~2,000m의 습한 상록수 숲에 자생하며 주로 탄자니아 동부 아크(Arc) 산맥의 일부인 우드중 산에 간헐적으로 분포되어 있지만 정확한 개체수는 알 수 없다. 지속된 산림 벌채와 서식 환경의 품질 저하로 인해 분포 범위도 점차 줄어들고 있다.

Coffea Montekupensis CO

카메룬 남서부에서 발견. 해발 700~1,500m 산기슭의 습한 상록수 숲에 자생하며 꽃이 필 때 보이는 분홍색 화관으로 쉽게 구분할 수 있다. 1997년에 벨기에 메이서 식물원(Meise Botanic Garden)의 큐레이터 피에트 스토펠렌(Piet Stoffelen)에 의해 새로운 품종으로 밝혀졌다. 'C. Arabica', 'C. Canephora'와 관련된 야생종으로 연구 중이며, 특히 'C. Liberica'와 유전적 관계가 있는 것으로 알려졌다.

꽃

Coffea Montis-Sacri CO

마다가스카르 동부에서 발견. 해발 400~500m의 습한 상록수 숲이나 바위 경사면에 대나무 등 다양한 식물군과 함께 서식하며, 키인자바토 커피 연구소(Kianjavato Coffee Research Station)에서 수집종으로 보호하고 있다. 'C. Arabica', 'C. Canephora'와 관련된 야생종으로 연구 중이며, IUCN 기준에 따라 심각한 멸종위험 종으로 분류된다.

Coffea Moratii CO

마다가스카르 서부에서 발견. 해발 50~600m의 계절적으로 건조한 반낙엽수 숲이나 석회암 지대의 낙엽수 숲에 자생한다. 마다가스카르 베마라하 국립공원과 주변 서식지에 제한적으로 분포되어 있으며 'C. Arabica', 'C. Canephora'와 관련된 야생종으로 연구 중이다.

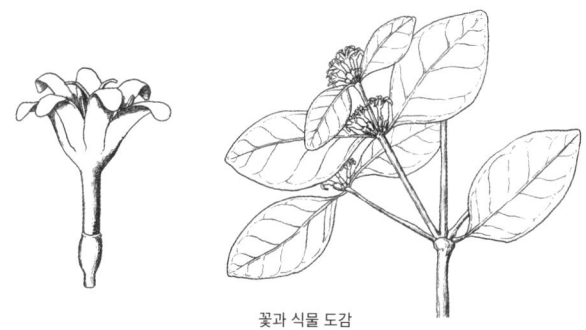

꽃과 식물 도감

Coffea Mufindiensis CO

동아프리카 지역에 분포. 해발 950~2,300m의 습한 상록수 숲에 자생하며 기후변화에 민감한 것으로 알려졌다. 116개 표본이 수집됐지만 아직 자세한 연구자료가 부족해 추가 연구가 더 필요한 상태다. 'C. Arabica', 'C. Canephora'와 관련된 야생종으로 연구 중이다.

| ssp | Australis - 열대 남아프리카(말라위 북부, 모잠비크)에 분포
| ssp | Lundaziensis - 열대 남아프리카(말라위 북부, 잠비아 북부)에 분포
| ssp | Mufindiensis - 탄자니아에 분포
| ssp | Pawekiana - 말라위 북부에 분포

Coffea Myrtifolia CO

모리셔스에서 발견. 해발 115~300m의 건조한 상록수 숲에 자생한다. 유엔 식량 농업 기구(Food and Agriculture Organization of the United Nations, FAO) 정책연구원을 역임하고 이탈리아 생물다양성연구소(Bioversity International)에서 활동하고 있는 모하메드 에산 둘루(Mohammad Ehsan Dulloo) 박사에 의해 1999년에 처음 연구되었다. 모하메드 박사는 모리셔스를 비롯해 인도양 남서부의 화산섬 로드리게스(Rodrigues Island)와 같은 작은 섬들을 위한 복원 프로젝트를 진행한 바 있다. 'C. Arabica', 'C. Canephora'와 관련된 야생종으로 연구 중이며, IUCN 기준에 따라 멸종위기에 처한 종으로 분류된다.

Coffea Namorokensis AC

마다가스카르에서 발견. 2000년에 처음 수집되었으며 해발 60~130m에 분포되어 있는 것으로 추정된다. 원래는 'C. Decaryana'로 분류했지만 추가 연구를 통해 새로운 품종으로 밝혀졌다.

식물 도감과 씨앗, 열매

Coffea Neobridsoniae `AC`

인도에서 발견. 해발 100~1,520m의 건조한 숲에 분포되어 있으며 울창한 숲과 개울가, 산간 초원 지대 등 다양한 서식지에서 발견된다. 원래는 실란투스의 아종인 'C. Bridsoniae'로 명명됐으나 실란투스가 코페아에 포함된다는 연구 결과가 나오면서 'C. Neobridsoniae'라는 이름이 새로 붙었다. IUCN 기준에 따라 멸종위기에 처한 종으로 분류된다.

Coffea Neoleroyi `AC`

에티오피아, 우간다, 남수단공화국에서 발견. 해발 650~1,200m의 절벽 또는 산봉우리 주변에 자생하며 IUCN 기준에 따라 멸종위기에 처한 종으로 분류된다.

Coffea Perrieri `AC`

마다가스카르에서 발견. 해발 50~1,200m의 마다가스카르 전역에 분포되어 있으며 'C. Arabica', 'C. Canephora'와 관련된 야생종으로 연구 중이다.

Coffea Pervilleana `CO`

마다가스카르 북부에서 발견. 해발 0~500m의 습하고 계절적으로 건조한 저지대 상록수 숲에 자생한다. 'C. Arabica', 'C. Canephora'와 관련된 야생종으로 연구 중이다.

Coffea Pocsii `CO`

탄자니아 서부에서 발견. 해발 270~600m의 계절적으로 건조한 상록수 숲에 자생한다. 커피나무는 4월에 꽃이 피고 이듬해 3월에 열매를 맺는 것으로 알려졌다. 아직 자세한 연구자료가 부족해 추가 연구가 더 필요한 상태이며, IUCN 기준에 따라 멸종위기에 처한 종으로 분류된다.

Coffea Pseudozanguebariae `CO`

열대 동아프리카(케냐 남동부, 탄자니아 북동부)에 분포. 해발 0~650m의 계절적으로 건조한 반낙엽수 숲에 자생한다. 커피나무 잎이 얇고 열매는 검은 자줏빛을 띠며 카페인이 없는 것으로 알려졌다. 'C. Arabica', 'C. Canephora'와 관련된 야생종으로 연구 중이다.

Coffea Pterocarpa `BA`

마다가스카르 서부에서 발견. 해발 120~130m의 계절적으로 건조한 숲에 자생하며 열매 모양이 날개같이 생겼다는 뜻에서 지은 이름이다. IUCN 기준에 따라 멸종위기에 처한 종으로 분류된다.

Coffea Racemosa CO

열대 남아프리카(모잠비크, 짐바브웨, 남아프리카공화국)에서 발견. 해발 0~600m의 계절적으로 건조한 반낙엽수 숲에 자생한다. 1790년에 포르투갈 식물학자인 주앙 드 로우레이로(João de Loureiro)가 모잠비크에서 처음 발견했으며, 연구를 통해 다른 품종보다 열매가 빨리 익는다는 사실이 밝혀졌다. 열매가 익는 데 'C. Arabica'가 6~8개월, 로부스타가 8~12개월이 걸리는 데 반해 'C. Racemosa'는 3개월로 익는 속도가 매우 빠르다. 'C. Arabica', 'C. Canephora'와 관련된 야생종으로 연구 중이다.

Coffea Rakotonasoloi CO

마다가스카르 동부에서 발견. 해발 470~500m의 습한 상록수 숲에 자생하며 'C. Arabica', 'C. Canephora'와 관련된 야생종으로 연구 중이다. IUCN 기준에 따라 심각한 멸종위험 종으로 분류된다.

Coffea Ratsimamangae CO

마다가스카르 북부에서 발견. 해발 0~400m의 계절적으로 건조한 상록수 숲에 자생하며 'C. Arabica', 'C. Canephora'와 관련된 야생종으로 연구 중이다.

Coffea Resinosa CO

마다가스카르 동부에서 발견. 해발 0~50m의 습한 상록수 숲과 연안 지대에 자생한다.

Coffea Rhamnifolia CO

열대 북동부 아프리카(소말리아, 케냐)에 분포. 해발 20~250m의 건조한 관목지에 자생하며 카페인 함량은 0.04% 이하로 매우 낮은 편이다. 소말리아의 경우 서식지 보호 시스템이 미비하여 개체군의 규모와 분포 범위가 점차 줄어들고 있다. 'C. Arabica', 'C. Canephora'와 관련된 야생종으로 연구 중이다.

Coffea Richardii CO

마다가스카르 동부에서 발견. 해발 1~500m의 습한 상록수 숲과 연안 지대에 자생하며 'C. Arabica', 'C. Canephora'와 관련된 야생종으로 연구 중이다.

Coffea Sahafaryensis CO

마다가스카르 북동부에서 발견. 해발 100~250m의 상록수 숲과 반낙엽수 숲, 해안 숲에 자생하며 'C. Arabica', 'C. Canephora'와 관련된 야생종으로 연구 중이다. IUCN 기준에 따라 멸종위기에 처한 종으로 분류된다.

Coffea Sakarahae CO

마다가스카르 남부에서 발견. 해발 500~1,300m의 계절적으로 건조한 낙엽수 숲과 습한 숲에 자생하며 'C. Arabica', 'C. Canephora'와 관련된 야생종으로 연구 중이다.

Coffea Salvatrix CO

열대 동아프리카(탄자니아 남서부)와 남아프리카(말라위, 모잠비크, 짐바브웨)에 분포. 해발 850~1,650m의 습한 상록수 숲이나 반낙엽수 숲에 자생하며 카페인 함량이 매우 낮고 기후변화에 민감한 것으로 알려졌다. 'C. Arabica', 'C. Canephora'와 관련된 야생종으로 연구 중이며 IUCN 기준에 따라 멸종위기에 처한 종으로 분류된다.

Coffea Sambavensis CO

마다가스카르 북동부에서 발견. 해발 0~250m의 진흙토나 모래로 된 저지대의 습한 상록수 숲에 자생한다. 'C. Arabica', 'C. Canephora'와 관련된 야생종으로 연구 중이며 IUCN 기준에 따라 멸종위기에 처한 종으로 분류된다.

Coffea Sapinii PS

콩고민주공화국에서 발견. 아직 자세한 연구자료가 부족해 추가 연구가 더 필요한 상태다.

Coffea Schliebenii CO

탄자니아 남동부와 모잠비크에서 발견. 해발 240~700m의 그늘 숲이나 반낙엽수 숲, 관목지에 자생하며 대부분 상록수 숲에 분포되어 있다.

Coffea Semsei AC

탄자니아에서 발견. 해발 300~460m의 습한 숲이나 강가에 자생하며 IUCN 기준에 따라 멸종위기에 처한 종으로 분류된다.

Coffea Sessiliflora CO

동아프리카에서 발견. 해발 10~500m의 해안 숲이나 습한 상록수 숲에 자생한다.

- ssp Mwasumbii - 탄자니아 북동부에 분포
- ssp Sessiliflora - 케냐 남동부에 분포

Coffea Stenophylla CO

열대 서아프리카(기니, 아이보리코스트, 시에라리온)에 분포. 해발 200m의 습한 상록수 숲에 자생한다. 1840년대에 시에라리온에서 처음 발견되었으며 커피나무 잎이 좁고 뾰족하며 열매는 보랏빛을 띤다. 잎의 생김새 때문에 'C. Arabica'의 변종일 것으로 추정되며 실제 맛과 생산성도 'C. Arabica'와 유사한 것으로 연구되었다. 'C. Arabica', 'C. Canephora'와 관련된 야생종으로 연구 중이다.

식물 도감

Coffea Tetragona CO

마다가스카르 북서부에서 발견. 해발 71~328m의 습한 상록수 숲에 분포되어 있으며 'C. Arabica', 'C. Canephora'와 관련된 야생종으로 연구 중이다.

Coffea Togoensis CO

열대 서아프리카(가나 남부, 토고 남부, 베냉)에 분포. 해발 50~580m의 습한 반낙엽수 숲에 자생하지만 일부 건조한 해안 숲에서도 발견된 것으로 보고되었다. 1900년에 토고(Togo) 로메(Lomé)에서 표본을 수집했다는 기록이 남아있지만 현재 큰 도시지역에 존재할 가능성은 낮은 것으로 보인다. 토고의 많은 보호구역이 관리 미흡과 환경파괴로 훼손되었기 때문이다. 베냉(Benin) 역시 인구 밀도가 높은 고지대에 서식지가 형성돼 있고, 목탄 생산과 화재로 인한 토지 황폐화 때문에 1990년부터 2000년까지 약 10년 간 자연림 면적이 22%가량 줄어든 것으로 추정된다. 'C. Togoensis'가 발견되었던 지역의 위성사진을 보면 지금은 자연림이 거의 남아있지 않다. 추가 연구가 더 필요한 상태이며, IUCN 기준에 따라 멸종위기에 처한 종으로 분류된다.

Coffea Toshii AC

마다가스카르 동부에서 발견. 해발 600~800m의 습한 산간지대 숲에 자생한다. 커피나무의 키는 최대 80cm로 매우 작은 편이며, 이러한 특성 때문에 마다가스카르의 다른 코페아 종과 쉽게 구별된다. 'C. Buxifolia'와 비슷하지만 재배고도나 커피나무가 자라는 모양과 열매 색 등의 차이점이 있으며, IUCN 기준에 따라 멸종위기에 처한 종으로 분류된다.

Coffea Travancorensis `AC`

인도 남부와 스리랑카에 분포. 해발 1,000m의 숲에 자생하며 멸종위기 야생 동식물의 적색자료목록인 레드 리스트에도 등재돼 있다. 'C. Arabica', 'C. Canephora'와 관련된 야생종으로 연구 중이다.

Coffea Tricalysioides `CO`

마다가스카르 북동부에서 발견. 해발 750~2,139m의 습한 상록수 숲이나 일부 건조한 숲에 자생한다. 'C. Arabica', 'C. Canephora'와 관련된 야생종으로 연구 중이다.

Coffea Tsirananae `CO`

마다가스카르 북부에서 발견. 해발 130~385m의 건조한 반낙엽수 숲에 자생한다. 'C. Arabica', 'C. Canephora'와 관련된 야생종으로 연구 중이다.

Coffea Vatovavyensis `CO`

마다가스카르 동부에서 발견. 해발 170~400m의 습한 상록수 숲이나 암석 또는 가파른 비탈에 자생하며, 1962년에 수집된 표본을 통해 처음 소개되었다. IUCN 기준에 따라 심각한 멸종위험 종으로 분류된다.

Coffea Vavateninensis `CO`

마다가스카르 동부에서 발견. 해발 500m의 습한 상록수 숲에 자생하는 것으로 추정되며, 1962년에 'C. Littoralis'를 발견한 장 프랑수아 르로이에 의해 처음 소개되었다. IUCN 기준에 따라 멸종위기에 처한 종으로 분류된다.

Coffea Vianneyi `CO`

마다가스카르 남동부에서 발견. 해발 400~600m의 습한 상록수 숲에 자생하며 'C. Arabica', 'C. Canephora'와 관련된 야생종으로 연구 중이다. 현재는 품종이 기록되었던 암포로포로(Amporoforo) 숲이 훼손되어 적합한 서식지가 많이 남아있지 않으며 IUCN 기준에 따라 멸종위기에 처한 종으로 분류된다.

Coffea Vohemarensis `CO`

마다가스카르 북동부에서 발견. 해발 10~200m의 상록수 숲이나 연안 지대의 숲에 자생하며 'C. Arabica', 'C. Canephora'와 관련된 야생종으로 연구 중이다. IUCN 기준에 따라 멸종위기에 처한 종으로 분류된다.

Coffea Wightiana AC

인도 남부와 스리랑카에 분포. 해발 10~1,000m의 건조한 지역에 자생하며 커피나무에 종종 가시처럼 생긴 가지가 나고, 키가 3m까지 자라는 것으로 연구되었다. 'C. Arabica', 'C. Canephora'와 관련된 야생종으로 연구 중이다.

Coffea Zanguebariae CO

열대 동아프리카와 남아프리카에 분포. 해발 10~700m의 계절적으로 건조한 숲이나 낙엽수 숲에 자생하며 'C. Arabica', 'C. Canephora'와 관련된 야생종으로 연구 중이다.

ETHIOPIAN VARIETY

CHAPTER 2

KURUME

아라비카의 기원으로 알려진 에티오피아는 오늘날 커피에 있어서 매우 중요한 위치를 차지한다. 아라비카는 에티오피아 남서부 지역에서 처음 발견됐을 것으로 추정되며 이후 에티오피아 동부의 하라를 거쳐 예멘으로 전달됐다.

1. 커피의 기원, 에티오피아
The Birth Place of Arabica

아라비카의 기원으로 알려진 에티오피아는 오늘날 커피에 있어서 매우 중요한 위치를 차지한다. 아라비카는 에티오피아 남서부 지역에서 처음 발견됐을 것으로 추정되며 이후 에티오피아 동부의 하라(Harrar)를 거쳐 예멘으로 전달됐다. 그렇게 예멘과 다른 여러 나라로 전파된 아라비카는 에티오피아의 옛 지명인 아비시니아(Abyssinia), 에티오피안(Ethiopian) 등 다양한 이름으로 불리며 전 세계에 알려지게 되었다.

에티오피아는 1900년대에 여러 가지 질병으로 커피 생산이 큰 피해를 입으면서 본격적으로 품종에 관한 연구를 시작했다. 대부분 질병에 강한 내성을 가진 품종을 찾는 연구가 주를 이루었으며, 이러한 노력은 1950년대에 짐마(Jimma)에 에티오피아 농업연구소(Ethiopian Institute of Agricultural Research, EIAR)가 설립되면서 기본 틀을 갖추게 되었다. 짐마는 지금도 커피를 비롯해 다양한 농작물 연구소가 위치한 곳이며, 현재는 물론 미래의 커피시장을 이끌어가는 데 있어서도 핵심 지역으로 꼽힌다.

에티오피아는 아라비카의 숨겨진 보물창고 같은 곳이다. 우리는 다양한 품종의 아라비카 커피를 일상적으로 접하지만 실제 시장에서 거래하기 위해 재배되는 품종은 전체 아라비카의 5% 미만에 불과하다. 아직 밝혀지지 않았거나 재배되고 있지 않은 나머지 95%의 아라비카는 대부분 에티오피아(Ethiopia) 또는 야생종(Wild Heirloom)으로 불리며 현재 구체적인 분류 및 연구 작업이 진행 중이다.

에티오피아 커피 세리머니

2. 커피 생산 시스템
Coffee Production System

다른 커피 생산국들은 커피가 외부에서 유입되어 발전한 반면, 에티오피아는 아라비카의 발견과 함께 커피가 자생적으로 발전한 독특한 역사를 지니고 있다. 이러한 배경은 에티오피아 커피의 생산 환경에도 많은 영향을 미쳤다. 덕분에 에티오피아는 전 세계에서 유일한 포레스트 커피(Forest Coffee, FC)와 세미포레스트 커피(Semi-Forest Coffee, SC), 가든 커피(Garden Coffee, GC), 에스테이트 커피(Estate Coffee, EC) 등 관리 수준과 구조에 따라 다양한 유형의 커피 재배 방식이 자리잡았다. 그 결과 자연 발생한 야생 품종부터 정부에서 배포한 품종과 지역을 기반으로 발전한 예가체프(Yirgacheffe), 시다마(Sidama) 등 오늘날 에티오피아를 대표하는 품종에 이르기까지 다채로운 에티오피아 커피가 탄생했다.

1 Forest Coffee
포레스트 커피

전 세계에서 유일하게 에티오피아에서만 볼 수 있는 커피 재배 방식이다. 사람의 개입 없이 야생숲에서 자연적으로 자란 커피나무의 열매를 수확하는 방법으로, 에티오피아 남서부와 남동부 지역 일대에 야생 커피나무 숲이 형성되어 있다. 하지만 문명이 발전하고 숲이 줄어들면서 현재 생산량은 미미한 수준이다. 야생 상태에서 자란 커피나무이기 때문에 품종 추

1 포레스트 커피(Forest Coffee) 야생 상태에서 커피나무가 자라는 형태
2 세미 포레스트 커피(Semi-Forest Coffee) 야생 상태의 숲에 커피나무를 심어 키우는 형태
3 가든 커피(Garden Coffee) 적당히 큰 나무 사이에 커피나무를 심어 키우는 형태
4 에스테이트 커피(Estate Coffee) 커피 재배를 목적으로 다른 나무를 베고 커피나무만 심어 키우는 형태

적은 불가능하지만 아직 분류되지 않은 품종이 많이 보존되어 있다. 야생 커피나무 숲의 보존은 향후 커피시장의 미래를 준비하는 데 매우 중요한 부분이다.

2 Semi-Forest Coffee
세미포레스트 커피

커피나무 숲 주변에 사는 사람들이 숲을 보존하면서 커피나무의 성장에 방해가 되는 나무만 일부 제거하고 열매가 맺히면 수확하는 방식이다. 에티오피아 전체 커피 생산량의 약 50%가 이러한 환경에서 재배되며 비교적 자연이 잘 보존된 재배 방법이지만, 몇몇 지역은 주거지 확장과 무리한 개발로 인해 커피나무의 밀집도가 계속 감소하는 추세다. 이 경우 정부에서 배포한 품종을 야생숲에 직접 심기도 하는데 그에 따라 품종 추적 가능성도 달라진다.

3 Garden Coffee
가든 커피

개인이 거주하는 집 주변에 소규모로 커피나무를 재배하는 방식이다. 1990년대 말부터 증가하기 시작해 현재는 에티오피아 전체 커피 생산량의 절반 정도를 차지할 만큼 규모가 증가했다. 가든 커피를 생산하는 대다수의 커피농가가 수백 그루의 커피나무와 1헥타르(ha) 미만의 작은 농장을 운영하지만 이보다 더 큰 규모도 있다. 이러한 재배 방식은 주로 에티오피아 남부와 동부 지역에 분포되어 있고, 대부분 인근 숲에서 야생종을 가져다 심거나 정부에서 배포한 품종을 심기 때문에 품종 추적이 용이하다는 장점이 있다.

4 Estate Coffee
에스테이트 커피

가까운 숲의 야생 커피나무에서 열매를 채취하는 다른 방식과 달리 사유지에서 일정한 시스템을 갖추고 생산하는 중대형 규모의 커피 재배 방식이다. 대부분 병충해에 내성이 강한 품종을 선별해 재배하며, 에티오피아 일부 지역에서 수백 또는 수천 헥타르 규모로 운영되고 있지만 에티오피아 전체 커피 생산량에서 차지하는 비중은 5% 미만으로 매우 낮다. 종종 수확량을 늘리기 위해 농약이나 화학비료에 의존하는 경우도 있지만 기본적으로 식재 간격 유지와 일조량 조절, 가지치기 등의 묘목 관리가 잘 이루어지고 있는 편이다.

이처럼 에티오피아 커피는 고유의 독특한 재배 환경으로 인해 여러 가지 품종이 구분없이 섞이면서 토착종(Heirloom)이라는 이름으로 다양한 교배종과 선택종이 시장에 소개되었고, 현재까지도 토착종으로 표기되어 판매되고 있다. 실제로 에티오피아에서 품종을 표기해 판매하는 커피는 극히 일부이며 이러한 관행 때문에 에티오피아 품종은 좀처럼 시장에 소개될 기회를 얻지 못하다가 게이샤/게샤(Geisha/Gesha)와 자바(Java) 등의 품종이 유명세를 타면서 점차 알려지게 되었다.

3. 지역 재래품종
Local Landrace

초창기 에티오피아 커피는 산지명으로 시장에 소개되었고, 그에 따라 각 품종에 이를 발견한 지역 이름을 붙이는 것이 관습으로 남았다. 에티오피아 커피를 이해하기 전에 에티오피아 지역의 구분 체계와 분류 방식을 알아야 하는 것도 이러한 이유에서다.

Chartered City — 특별 자치 도시
ex. 아디스아바바(Addis Ababa)

Region — 지역을 의미하는 행정구역으로 연방주와 흡사
ex. 시다마(Sidama)

Zone — 지방을 의미하는 행정구역
ex. 예가체프(Yirgacheffe)

Woreda — 자치구를 의미하는 행정구역으로 관리를 목적으로 분류
ex. 코체레(Kochere)

Kebele — 최소 관리 단위의 마을
ex. 시포(Shifo)

에티오피아 행정구역 분류

에티오피아의 행정구역은 2개의 '특별시(Chartered City)'와 10개의 '지역(Region)'으로 이루어져 있다. 2019년 11월에 실시된 국민투표에 의해 '지방(Zone)'에 속했던 시다마가 2020년 6월부터 지역으로 승격하면서 과거 9개였던 지역이 10개(티그라이Tigray, 아파르Afar, 암하라Amhara, 하라리Harari, 베니샨굴 구무즈Benishangul-Gumuz, 소말리Somali, 오로미아Oromia, 감벨라Gambela, SNNP(South Nations, Nationalities and Peoples), 시다마)로 늘어났다.

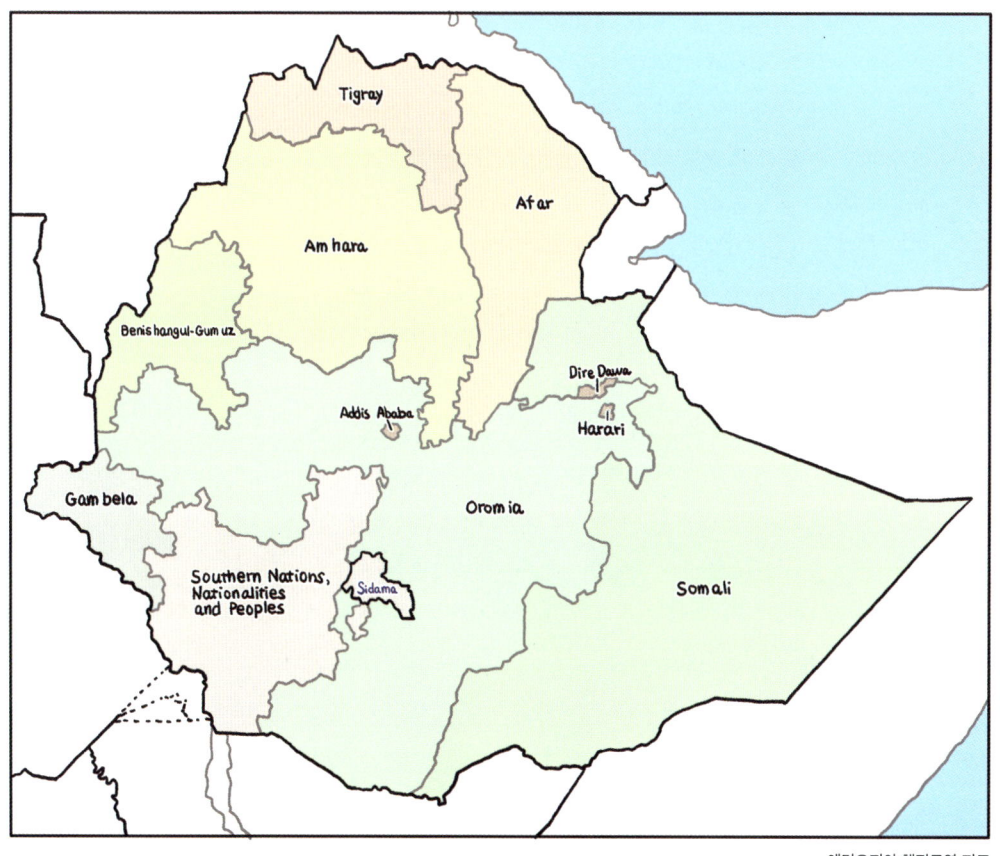

에티오피아 행정구역 지도

과거에는 에티오피아 커피가 지역 단위로 거래되면서 짐마, 예가체프, 하라, 리무(Limu) 등의 이름으로 알려졌지만 최근에는 마케팅과 품질관리를 위해 자치구와 마을 단위로 소개하고 있으며 같은 마을 안에서도 가족이나 농장 단위로 소개하기도 한다.

에티오피아 7개 지역(짐마, 아가로Agaro, 게라Gera, 아와다Awada, 하루Haru, 메차라Mechara, 하라)의 커피 연구 센터를 중심으로 각 지역 품종을 조사하기 위해 진행됐던 LLDP(Local Landrace Coffee Development Program)는 현재까지 에티오피아 동부 지역에서 1,900여 개, 남부 지역에서 350여 개, 서부 지역에서 790여 개의 품종을 수집한 것으로 알려졌다. 그 중 지난 5년간 26개의 품종이 선택되어 재배를 시작했고, 이후 새롭게 발견된 12개의 순수 품종이 추가되면서 총 38개의 품종이 추려졌다. 품종에 대한 정확한 정보 없이 무분별한 커피 생산이 이루어지는 상황에서 LLDP가 품종의 선택과 정리를 통해 품종 개량의 토대를 마련한 것이다.

하지만 이렇게 분류된 품종이라도 다양한 부족과 언어가 공존하는 에티오피아의 문화적 특성상 같은 품종도 서로 다른 이름으로 재배되는 경우가 있어 혼란을 주기도 한다. 대표적인 예로 어떤 품종은 아가로처럼 발견된 지역의 이름을 따서 부르기도 하고, 또 어떤 품종은 베일 티노(Bale Tino, Bale은 에티오피아 남서부에 위치한 지역 이름이며, Tino는 오로모(Oromo) 족 언어로 작다는 뜻이다)처럼 지역 방언의 모양과 특징을 따서 부르기도 한다.

4. 커피 연구 센터
Coffee Research Center

1 **에티오피아 농업연구소 및 짐마 농업연구소**
(Ethiopian Institute of Agricultural Research, EIAR & Jimma Agricultural Research Center, JARC)

에티오피아 품종에 관한 연구는 1950년대에 에티오피아 농업연구소가 7개 커피 재배 지역에 커피 연구 센터를 설립하면서 본격화되었다. 그 중 1967년에 짐마에 설립된 짐마 농업연구소는 원래 학교로 시작했지만 연구기금을 지원받아 커피 연구 센터로 전환됐으며, 이후 품종 수집 및 연구개발에 필요한 초석을 다지고 의미 있는 성과를 거두면서 오늘날 에티오피아 품종의 분류와 배포 전반에 중요한 역할을 하고 있다.

1960년대에 에티오피아는 커피 재배지에서 전염성 질병에 의한 피해가 잇따라 발생하고 커피산업이 전반적으로 큰 손실을 입게 되자 커피질병의 재발 방지를 위해 내성이 강한 품종의 개발 필요성을 느끼게 되었다. 특히 1971년에 커피열매병이 출현한 직후 커피나무의 감염 정도에 큰 차이가 있다는 것을 깨닫고, 1971년과 1972년에 짐마 농업연구소의 주도로 일부 커피 열매병에 내성이 강한 품종을 선택했다. 또한 1972년에는 보다 전문적인 품종 선택과 품질 개선을 위해 새로운 커피 병리학자를 임명했고, 덕분에 체계적인 품종 선택이 이루어질 수 있었다.

짐마 농업연구소는 우선 커피열매병이 출현한 지역에서 감염 피해가 없는 커피나무를 500그루 정도 선발한 후 현장에서 접종을 실시하여 감염 여부를 철저히 확인했다. 그 중 초기에 선발된 나무들을 약 3년간 관찰하며 수확량과 품질을 점검했고, 수확한 열매는 자손의 질병 저항성 테스트까지 마쳤다. 이를 통해 1978년부터 현재까지 40여 개의 커피품종이 출시되어 전국적으로 배포되었다. 그러나 이 품종들도 여전히 정보가 부족하거나 곳곳에 흩어져 있어 별다른 명칭 없이 '야생종'으로 불리며, 번호나 자체 시리얼 넘버로만 분류되고 있다. 품종은 많지만 정보는 적은 것이 에티오피아 커피의 현실이다.

2 ORSTOM
(L'Office de la Recherche Scientifique et Technique Outre-Mer)

1944년에 설립된 프랑스 정부 산하 해외과학기술연구소로, 개발도상국의 과학 교육·연구 및 기술·정보 보급을 위해 협력하는 기관이다. 1966년부터 커피 유전자 분류와 보존을 위해 세계 각국의 커피품종을 수집해 오고 있으며 특히 에티오피아 커피의 발전에 크게 기여했다.

ORSTOM은 1967년에 처음 커피 유전자 연구를 위해 에티오피아 전역에서 수집한 지역 재래품종과 외부에서 유입한 품종을 심었는데, 이때 심은 품종을 일컬어 '프렌치 컬렉션(French Collection)'이라고 부른다. 프렌치 컬렉션은 이후 짐마 농업연구소에 의해 재배되어 1998년과 2002년에 각각 'Dessu(F-59)'와 'Mi'oftu(F-35)'라는 이름으로 출시됐다. 여기서 F는 French의 앞 글자를 딴 것이며, 뒤에 붙은 숫자는 표본 번호를 기록한 것이다. ORSTOM은 현재 'IRD(L'Institut de Recherche pour le Développement)'로 명칭을 바꾸고 과거 주로 식민지 식물 재배를 연구하던 것에서 해외 원조를 위한 연구로 달라진 역할을 수행하며 다양한 프로젝트를 진행 중이다.

COLUMN

Coffee Leaf Tip Color
커피 새싹의 색상

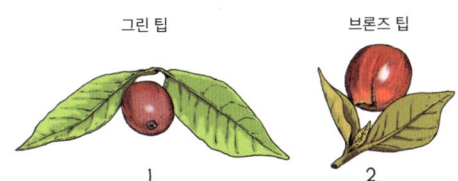

그린 팁 브론즈 팁

1.   2.

커피는 새싹의 색을 기준으로 크게 '그린 팁(Green Tip)'과 '브론즈 팁(Bronze Tip)'으로 구분할 수 있다. 색 차이가 나는 정확한 이유는 아직 밝혀지지 않았지만 유전적인 영향일 것으로 보고 있으며, 이는 품종을 구분하는 데 중요한 요소로 작용한다.

세계적인 커피 연구 기관인 월드커피리서치는 브론즈 팁의 밝기에 따라 '라이트 브론즈(Light Bronze)', '브론즈(Bronze)', '다크 브론즈(Dark Bronze)'로 색상을 세분화했으며, 에티오피아에서는 품종의 기원을 연구해 동서 지역의 품종 특징을 각각 브론즈 팁과 그린 팁으로 나눠 분류하기도 했다.

게이샤나 파카마라(Pacamara)의 경우 하나의 품종에서 그린 팁과 브론즈 팁의 특징이 모두 발현되기도 하며, 일부 농장에서는 품질 관리를 위해 품종별로 한 가지 종류의 팁만 재배하기도 한다.

커피 새싹의 색상이 맛과 향에 어떤 영향을 주는지 단적으로 설명할 수 없지만 대체로 그린 팁의 커피는 '산미(Acidity)'와 '아로마(Aroma)'가 잘 드러나고, 브론즈 팁의 커피는 '단맛(Sweetness)'과 '밸런스(Balance)'가 잘 드러나는 편이다.

5. 에티오피아 커피 리스트
Ethiopian Coffee List

731

짐마 농업연구소의 선택종 중 하나로 1973년에 수집되었다.

7324

짐마 농업연구소의 선택종 중 하나로 1973년에 수집되었다.

7330

짐마 농업연구소의 선택종 중 하나로 1973년에 수집되었다.

7332

짐마 농업연구소의 선택종 중 하나로 1973년에 수집되었다.

7350

짐마 농업연구소의 선택종 중 하나로 1973년에 수집되었다.

7352

짐마 농업연구소의 선택종 중 하나로 1973년에 수집되었다.

7353

짐마 농업연구소의 선택종 중 하나로 1973년에 수집되었다.

7395

짐마 농업연구소의 선택종 중 하나로 1973년에 수집되었다.

741

짐마 농업연구소의 선택종 중 하나로 1974년에 에티오피아 남서부 짐마 지역의 게라 구역 숲에서 커피열매병에 내성이 강한 품종으로 수집되어 1978년에 출시되었다.

74110

짐마 농업연구소의 선택종 중 하나로 1974년에 에티오피아 남서부 일루바보라(Il-lubabora) 지역의 메투 비샤리(Metu-Bishari) 구역 숲에서 커피열매병에 내성이 강한 품종으로 수집되어 1979년에 출시되었다. 에티오피아에서 가장 잘 알려진 품종이며 그 립 팁의 특징을 가지고 있다. 꽃향기와 감귤향이 나는 것으로 유명하다.

74112

짐마 농업연구소의 선택종 중 하나로 1974년에 에티오피아 남서부 일루바보라의 메투 비샤리 구역 숲에서 커피열매병에 내성이 강한 품종으로 수집되어 1979년에 출시되었다.

74140

짐마 농업연구소의 선택종 중 하나로 1974년에 에티오피아 남서부 일루바보라의 메투 비샤리 구역 숲에서 커피열매병에 내성이 강한 품종으로 수집되어 1979년에 출시되었다. 가뭄에 내성이 약한 것으로 알려졌다.

74148

짐마 농업연구소의 선택종 중 하나로 1974년에 에티오피아 남서부 일루바보라의 메투 비샤리 구역 숲에서 커피열매병에 내성이 강한 품종으로 수집되어 1979년에 출시되었다.

74158

짐마 농업연구소의 선택종 중 하나로 1974년에 에티오피아 남서부 일루바보라의 메투 비샤리 구역 숲에서 커피열매병에 내성이 강한 품종으로 수집되어 1979년에 출시되었다.

74160

짐마 농업연구소의 선택종 중 하나로 1974년에 에티오피아 남서부 일루바보라의 메투 비샤리 구역 숲에서 커피열매병에 내성이 강한 품종으로 수집되어 1979년에 출시되었다. 꽃향기와 시트러스 계열의 향미를 가지고 있다.

74165

짐마 농업연구소의 선택종 중 하나로 1974년에 에티오피아 남서부 일루바보라의 메투 비샤리 구역 숲에서 커피열매병에 내성이 강한 품종으로 수집되어 1979년에 출시되었다. 커피의 유기산 중 쓴맛을 만들어 내는 카페인, 클로로젠산과 아로마를 형성하는 트리고넬린(Trigonelline) 함량이 높은 것으로 알려졌다.

74208

짐마 농업연구소의 선택종 중 하나로 1974년에 수집되었다.

7422

짐마 농업연구소의 선택종 중 하나로 1974년에 수집되었다.

74264

짐마 농업연구소의 선택종 중 하나로 1974년에 수집되었다.

7429

짐마 농업연구소의 선택종 중 하나로 1974년에 수집되었다.

74304

짐마 농업연구소의 선택종 중 하나로 1974년에 수집되었다.

744

짐마 농업연구소의 선택종 중 하나로 1974년에 에티오피아 남서부 케파(Kefa) 지역의 기마보(Gimabo) 구역에 위치한 와시(Washi)의 한 커피농장에서 커피열매병에 내성이 강한 품종으로 수집되어 1979년에 출시되었다. 특히 미국으로 많이 유통되는 품종이다.

7440

짐마 농업연구소의 선택종 중 하나로 1974년에 에티오피아 남서부 케파의 기마보 구역에 위치한 와시의 한 커피농장에서 커피열매병에 내성이 강한 품종으로 수집되어 1979년에 출시되었다. 카페인 함량이 낮고 커피마름병에 중간 정도의 내성이 있으며 저지대 재배에 적합한 것으로 알려졌다.

7454

짐마 농업연구소의 선택종 중 하나로 1974년에 에티오피아 남서부 케파의 기마보 구역에 위치한 와시의 한 커피농장에서 커피열매병에 내성이 강한 품종으로 수집되어 1980년에 출시되었다. 다양한 고도에 잘 적응하며 수확량이 높은 품종이다.

7466

짐마 농업연구소의 선택종 중 하나로 1974년에 에티오피아 남서부 케파의 기마보 구역에 위치한 와시의 한 커피농장에서 커피열매병에 내성이 강한 품종으로 수집되었다.

7487

짐마 농업연구소의 선택종 중 하나로 1974년에 에티오피아 남서부 케파의 기마보 구역에 위치한 와시의 한 커피농장에서 커피열매병에 내성이 강한 품종으로 수집되어 1979년에 출시되었다. 가뭄에 강한 내성이 있는 것으로 알려졌다.

75227

짐마 농업연구소의 선택종 중 하나로 1975년에 에티오피아 남서부 케파의 기마보 구역에 위치한 와시의 한 커피농장에서 커피열매병에 내성이 강한 품종으로 수집되어 1981년에 출시되었다.

754

짐마 농업연구소의 선택종 중 하나로 1975년에 에티오피아 남서부 케파의 기마보 구역에 위치한 와시의 한 커피농장에서 커피열매병에 내성이 강한 품종으로 수집되어 1981년에 출시되었다.

7587

짐마 농업연구소의 선택종 중 하나로 1975년에 수집되었다.

Aba Bapasa

'Aba'는 암하라 어로 '아빠'라는 뜻이며 'Babasa'는 에티오피아 남서부 일루바보라에서 흔히 사용하는 이름이다. 아마도 커피를 처음 전파한 사람의 이름에서 따왔을 것으로 추정된다. 커피나무는 그린 팁의 특징을 가지고 있으며 일부 고도가 높은 지역에서 발견된다. 생두는 비교적 작고 둥근 형태를 띤다.

Ababuna

짐마 농업연구소에서 '741'와 'Dessu'를 교배해 만든 품종으로 '741 X Dessu'라고도 한다. 1998년에 수확량 증대를 목표로 출시되었다.

Abadir

에티오피아 동부 하라의 지역 품종으로 13세기 유명 성직자와 수호성인의 이름을 따 명명했다. 커피나무 잎이 길고 얇으며 브론즈 팁의 특징을 가지고 있다. 높은 수확량에 비해 커피열매병에 취약한 품종이다.

Abshira

에티오피아 남서부의 지역 품종.

Abyssinia

에티오피아 남서부의 지역 품종으로 에티오피아의 옛 이름을 따 명명했다. 1928년에 에티오피아에서 인도네시아 자바로 건너간 첫 번째 품종이다.

Ado

에티오피아 남서부의 지역 품종.

Agaro

에티오피아 남서부 아가로의 이름을 딴 지역 품종. 브론즈 팁의 특징과 커피녹병에 강한 내성을 가지고 있다.

Amoler

에티오피아 남동부의 지역 품종.

Ale Buna

에티오피아 남서부의 지역 품종.

Alga

에티오피아 남서부의 지역 품종.

Alghe

에티오피아 남동부 알게(Alghe)의 이름을 딴 지역 품종.

Angafa

2006년에 짐마 농업연구소의 지역 재래품종 개발 프로그램에 의해 출시된 품종. 오로모 어로 '첫 번째'라는 뜻이며, 1997년에 예가체프 남서쪽에 위치한 웨나고(Wenago) 구역에서 수집되었다. 브론즈 팁의 특징과 커피열매병, 커피녹병에 대한 내성을 가지고 있으며 에티오피아 남동부 시다마에서 제한적으로 재배된다.

Araba

에티오피아 남서부의 지역 품종.

Awada

에티오피아 남동부 시다마의 지역 품종.

Awer

에티오피아 남서부의 지역 품종.

Awicho

에티오피아 남동부의 지역 품종.

Barbuk Sudan

1942년에 남수단공화국 동쪽에 위치한 보마 고원(Boma Plateau)에서 처음 발견되었으며 에티오피아의 남서부 일부 지역에서도 발견되었다.

Bale Tino

에티오피아 남동부 발레(Bale)의 지역 품종. '크기가 작은 열매'라는 뜻에서 지은 이름이다. 'Tino'는 오로모 어로 '작은'이라는 뜻이다.

Bedesa

에티오피아 남서부의 지역 품종.

Bedessa

에티오피아 남동부의 지역 품종. 베데사(Bedessa) 나무의 열매처럼 커피체리가 검붉은 색을 띠는 것이 특징이다.

Bisle Buna

에티오피아 남서부의 지역 품종. 에티오피아의 공용어인 암하라 어로 '잘 익은'이라는 뜻이며 커피체리가 검붉은색을 띠는 것이 특징이다.

Bokoji

에티오피아 남동부의 지역 품종.

Bula Bunchu

에티오피아 남동부의 지역 품종.

Bultum

에티오피아 동부 하라의 지역 품종. 브론즈 팁의 특징을 가지고 있으며, 높은 수확량과 하라 커피 고유의 달콤한 초콜릿 향이 특징이다.

Buna Adi

에티오피아 동부 하라의 지역 품종. 커피나무 잎에 흰색 줄무늬가 나 있다. 'Adi'는 암하라 어로 '흰색'이라는 뜻이다.

Buna Bilo

에티오피아 남서부의 지역 품종.

Buna Babu

에티오피아 남서부 바부(Babu)의 지역 품종.

Buna Birbirsa

에티오피아 동부 하라의 지역 품종. 버버사(Birbirsa) 나무의 모양과 크기가 비슷하다는 특징이 있다.

Buna Jimma

에티오피아 남서부의 지역 품종.

Bunkuri

에티오피아 동부 하라의 지역 품종.

Buna Goromti

에티오피아 남서부의 지역 품종으로 높은 수확량이 특징이다.

Buna Guracha A / B

에티오피아 동부 하라의 지역 품종. 커피열매병에 취약하고 생산량의 변동이 심해서 많이 재배되는 편은 아니다. 팁의 색상에 따라 A, B 두 가지 유형으로 나뉘며 한 품종임에도 형태적으로 매우 다양한 특징을 가지고 있다.

Buna Qalaa

에티오피아 동부 하라의 지역 품종. 커피열매병에 내성이 강하고 수확량도 높지만 생산량이 일정하지 않다는 단점이 있다. 오로미아 지역에서 특별한 날 커피와 버터를 죽처럼 끓여 먹는 음식의 이름을 딴 품종이다.

Bunawashi

에티오피아 남서부의 지역 품종. 1974년에 커피열매병에 내성이 강한 품종을 찾기 위해 케파 지역의 와시에서 수집되어 여러 테스트 끝에 2006년에 출시되었다. 높은 수확량과 우수한 품질이 특징이다.

Catimor J-19 / J-21

에티오피아 남서부 테피(Tepi), 베베카(Bebeka)의 지역 품종. 짐마 농업연구소는 1979년에 포르투갈로부터 유입된 10개의 카티모르(Catimor) 계열 품종 중 품질이 우수한 19번과 21번을 선별하고, 1998년에 짐마의 첫 글자인 J와 표본 번호를 붙여 에티오피아 일부 지역에 소개했다.

Chakayie

에티오피아 남서부의 지역 품종.

Challa

에티오피아 남서부 찰라(Challa)의 지역 품종. 1998년에 수집된 품종으로 커피열매병에 내성이 강하고 수확량이 높은 것이 특징이다.

Chercherei

에티오피아 동부 하라의 지역 품종. 하라 서쪽에 위치한 첼체레(Cherchere) 산맥의 고지대에서 재배된다.

Cherchero

에티오피아 동부 하라의 지역 품종. 브론즈 팁의 특징을 가지고 있으며 커피열매병에 내성이 강하지만 생산량이 일정하지 않다는 단점이 있다.

Chobo Buna

에티오피아 남서부의 지역 품종.

Choche

에티오피아 남서부 오로미아에 위치한 고마(Gomma) 구역의 지역 품종.

Cholu Buna

에티오피아 남서부의 지역 품종.

Chora Buna

에티오피아 남서부 일루바보라에 위치한 코라(Chora) 구역의 지역 품종.

Cioccie

에티오피아 남서부의 야생 품종. 식물학자 피에르 실뱅(Pierre G. Sylvain)에 의해 인도에 처음 소개되었으며 그린 팁의 특징과 커피녹병에 대한 내성을 가지고 있다.

Dalacha

에티오피아 남서부의 지역 품종.

Dalle

에티오피아 남동부 시다마에 위치한 달레(Dalle) 구역의 지역 품종. 1930년에서 1955년 사이에 탄자니아, 케냐, 인도로 전파되었을 것으로 추정되며, 벨기에 농학자 장 니콜라스 윈트겐스(Jean Nicolas Wintgens)에 의해 처음 분류되었다.

Damu

에티오피아 남동부의 지역 품종.

Darma Buna

에티오피아 남서부의 지역 품종.

Darimu Buna

에티오피아 남서부 일루바보라에 위치한 다리무(Darimu) 구역의 지역 품종.

Danchei

에티오피아 남동부 보레나(Borena), 시다마의 지역 품종.

Deracicho

에티오피아 남동부의 지역 품종.

Dega

에티오피아 남동부 게데오(Gedeo)의 지역 품종. 이름의 유래에 대해서는 두 가지 설이 존재하는데 하나는 토착나무의 타는 냄새와 커피를 로스팅할 때 나는 단 향이 비슷하다는 것이고, 다른 하나는 'Dega'가 암하라 어로 '고지대, 서늘한 지역'을 뜻한다는 것이다.

Denga

에티오피아 동부 하라의 지역 품종.

Dessu / F-59

1998년에 짐마 농업연구소에서 출시한 품종. 1966년에 ORSTOM에 의해 케파 지역의 봉가(Bonga) 마을 주변에 위치한 김보(Gimbo) 숲에서 수집되어 2002년에 'F-59'이라는 이름으로 출시되었다. 주로 생산성과 품질, 질병에 대한 내성을 높이기 위해 교배종을 만들 때 사용하지만 커피열매병에 취약하다는 단점이 있다. 오로모 어로 '높은 수확량'을 뜻한다.

Dilla

에티오피아 남동부 딜라(Dilla)의 지역 품종. 1930년에서 1955년 사이에 탄자니아, 케냐, 인도로 전파되었을 것으로 추정되며, 벨기에 농학자 장 니콜라스 윈트겐스에 의해 처음 분류되었다.

Dimilee

에티오피아 남서부 웰레가(Welega)의 지역 품종.

Dirbu

에티오피아 남서부의 지역 품종.

Dola

에티오피아 남서부 웰레가의 지역 품종.

Dumancho

에티오피아 남동부의 지역 품종.

Dureni Buna

에티오피아 남서부의 지역 품종.

EIAR50-CH

2016년에 짐마 농업연구소에서 출시한 교배종. 기후변화에 대응해 가뭄에 내성이 강한 품종을 찾아 개발되었다. 이름의 CH는 'Coffee Hybrid'의 약자이며 EIAR50는 에티오피아 농업연구소의 50주년을 기념한다는 뜻이다.

Ennarea

에티오피아 남서부의 지역 품종. 1930년에서 1955년 사이에 탄자니아, 케냐, 인도로 전파되었을 것으로 추정되며, 벨기에 농학자 장 니콜라스 윈트겐스에 의해 처음 분류되었다.

Fayate

에티오피아 남동부의 지역 품종. 1997년에 보레나 지역의 아바야(Abaya) 구역에서 수집되어 2010년에 커피열매병, 커피녹병, 커피마름병에 내성이 강하고 수확량이 높은 품종으로 출시되었다. 그린 팁의 특징을 가지고 있으며 꽃향기와 과일향이 난다는 점에서 예가체프 커피와 유사하다는 평을 받는다.

Fesfus

에티오피아 남서부의 지역 품종.

Fudisha

에티오피아 동부 하라의 지역 품종. 브론즈 팁의 특징을 가지고 있으며 생산량은 일정하지 않지만 커피열매병, 커피녹병에 내성이 강하다.

Gadafa

에티오피아 남서부의 지역 품종. 에티오피아에서 흔히 사용하는 이름과 같다는 점에서 처음 이 품종을 소개한 사람의 이름일 것으로 추정된다.

Galo

에티오피아 남동부의 지역 품종.

Gamu

에티오피아 동부 하라의 지역 품종.

Ganticho

에티오피아 남동부의 지역 품종.

Gawe

짐마 농업연구소에서 '74410'을 모계, 'Dessu'를 부계로 교배해 만든 세 번째 교배종이다. 2002년에 수확량 증대를 목표로 출시되어 에티오피아 남서부 지역을 중심으로 배포되었다.

Gejo

에티오피아 남서부 짐마, 리무, 일루바보라의 지역 품종.

Geleb Buna

에티오피아 남서부의 지역 품종.

Genika

에티오피아 남동부의 지역 품종. 벤치 마지(Bench Maji) 지역에서 독점적으로 재배하며 풍부한 과일향이 나는 것으로 유명하다.

Gera

에티오피아 남서부 게라의 지역 품종.

Geri Buna

에티오피아 남서부의 지역 품종.

Gesha / Geisha

에티오피아 남서부 게샤(Gesha) 마을의 지역 품종. 1931년에 이 마을을 방문한 영국 대사가 커피체리를 수집해 해외로 반출한 것이 1932년에 케냐 키탈레 연구소(Kitale Centre)에 의해 처음 'Geisha'와 'Abyssinian'으로 표기되었다. 이후 우간다와 탄자니아를 거쳐 1953년에 코스타리카 열대농업연구교육센터에 전달되어 커피녹병에 내성이 강한 'T2722'라는 이름의 에티오피아 수집종으로 소개되었다. 처음 재배를 시작한 것은 1960년대 초 파나마 돈파치 농장(Don Pachi Estate)이었지만 낮은 품질로 인해 활성화되지 못하다가 2004년에 에스메랄다 농장(Hacienda La Esmeralda)의 게이샤 커피가 뛰어난 품질로 유명세를 타면서 재평가가 이루어졌다. 현재 전 세계 여러 나라에서 재배되고 있으며 2012년에는 에티오피아에서도 '게샤(Gesha)'라는 이름으로 재배되기 시작했다. 전파 경로에 따라 일부는 커피녹병에 취약하거나 향이 약한 단점이 나타나는 등 본래의 성질과 다소 다른 형태로 발전하고 있다.

Gidicho

에티오피아 남동부의 지역 품종.

Gimma

에티오피아 남서부의 지역 품종. 1930년에서 1955년 사이에 탄자니아, 케냐, 인도로 전파되었을 것으로 추정된다. 벨기에 농학자 장 니콜라스 윈터겐스에 의해 처음 분류되었다.

Ghimbi

에티오피아 남서부 웰레가의 지역 품종.

Goma Buna

에티오피아 남서부 고마(Goma)의 지역 품종.

Gota

에티오피아 남서부 짐마, 일루바보라, 웰레가, 감벨라, 아소사(Asossa)의 지역 품종.

Gotu

에티오피아 남서부 짐마, 리무, 일루바보라의 지역 품종.

Gufaro

에티오피아 남서부의 지역 품종.

Gugudamei

에티오피아 남동부의 지역 품종.

Guna Gura

에티오피아 남서부의 지역 품종.

Gujicha

에티오피아 남동부 구지차(Gujicha)의 지역 품종.

Guracha

에티오피아 남서부 웰레가의 지역 품종.

Guto

에티오피아 남동부의 지역 품종.

Harar Buna

에티오피아 동부 하라의 지역 품종. 하라의 토착종이라는 뜻이다.

Haru-1

짐마 농업연구소의 지역 재래품종 개발 프로그램에 의해 출시된 품종. 1998년에 오로미아 지역의 하루 구역에 위치한 아단 아라라(Adan Jarara) 농장에서 처음 수집되었으며, 그린 팁의 특징과 커피열매병에 강한 내성을 가지고 있다.

Harusa

에티오피아 동부 하라의 지역 품종. 1998년에 오로미아 지역의 지로(Chiro) 구역에서 처음 수집되어 2010년에 출시되었다. 브론즈 팁의 특징과 커피열매병에 강한 내성을 가지고 있으며 높은 수확량이 특징이다.

Haya Buna

에티오피아 남서부의 지역 품종.

Hiromie

에티오피아 남서부의 지역 품종.

Inaria

에티오피아 남서부 리무의 지역 품종. '이나리아(Inaria)'는 리무의 옛 행정구역 이름이다.

Ittu

에티오피아 동부 하라의 지역 품종.

Kabnya

에티오피아 동부 하라의 지역 품종.

Kabiao

에티오피아 남서부의 지역 품종.

Kabiso

에티오피아 남서부의 지역 품종.

Kebe

에티오피아 남서부 웰레가의 지역 품종.

Keda Buna

에티오피아 남서부의 지역 품종.

Kerenso

에티오피아 남서부의 지역 품종.

Kombu

에티오피아 남서부의 지역 품종.

Koti

에티오피아 남동부 코티(Koti)의 지역 품종. 1985년에 게데오에서 커피열매병에 내성이 강한 품종으로 수집되었으며, 수확량이 높고 브론즈 팁의 특징을 가지고 있다.

Kubri

에티오피아 남서부 짐마, 리무, 일루바보라의 지역 품종.

Kubri Deme

에티오피아 남서부의 지역 품종.

Kubur

에티오피아 남서부 짐마, 리무, 일루바보라의 지역 품종.

Kubul

에티오피아 남서부 웰레가의 지역 품종.

Kubania

에티오피아 동부 하라의 지역 품종. 짐마 농업연구소에서 배포한 품종 중 하나로 'Kubania'는 스와힐리 어로 '단체' 또는 '회사'를 의미한다. 커피열매병에 내성이 강하고 브론즈 팁의 특징을 가지고 있다.

Kubania

에티오피아 동부 하라의 지역 품종.

Kunkuwranchei

에티오피아 남동부의 지역 품종.

Kolisho

에티오피아 남동부 보레나, 시다마의 지역 품종.

Kolinsho

에티오피아 남동부 보레나, 시다마의 지역 품종.

Kurume

에티오피아 남동부 게데오의 지역 품종. 1989년에서 1994년 사이에 진행된 품종이력 추적조사에 의해 확인됐으며 각 지역 방언에 따라 'Kudhumi', 'Kudhume', 'Kurumei', 'Gurume' 등 다양한 이름으로 불린다. 이름의 유래에 대해서는 두 가지 설이 존재하는데 하나는 지역에 자생하는 토착나무와 비슷하다는 것이고, 다른 하나는 시다마의 쿠루메(Kurume)라는 지명에서 따왔다는 것이다. 일반적으로 그린 팁의 특징을 가지고 있으며 '74110', '74112', '74128', '74158' 등 형태적으로 유사한 품종이 많아 'Kurume Type'으로 분류하기도 한다. 현지에서는 나뭇가지에 껍질이 있는 경우를 'Kurume', 껍질이 없이 매끈한 경우를 'Gurume'로 구분하기도 하지만 아직 확실하게 분류할 수 있는 것은 아니다.

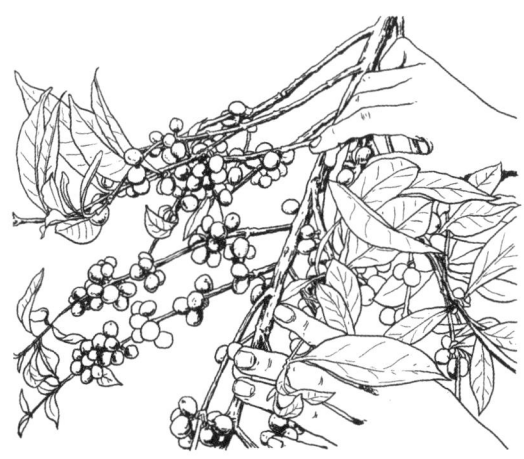

Legumami

에티오피아 남동부의 지역 품종.

Limu

에티오피아 남서부 리무의 지역 품종. 아직 개발되지 않은 오로미아 지역의 오래된 커피산지에서 재배되어 독특한 과일향과 밸런스의 특징을 가지고 있다.

Longberry Harrar

에티오피아 동부 하라의 지역 품종. 하라에서 가장 오래된 품종으로 추정되며 일반적인 에티오피아 품종에 비해 생두의 모양이 길고 뾰족한 것이 특징이다. 베리류와 초콜릿 향미를 가지고 있는 하라의 대표 품종이다.

Manasibu

에티오피아 남서부 마나 시부(Mana Sibu)의 지역 품종. 1984년에 웰레가 지역 품종의 유전적 다양성을 조사하는 과정에서 수집되었으며 커피열매병에 내성이 강한 것으로 알려졌다.

Mechara-1

에티오피아 동부 하라의 지역 품종. 1998년에 하라지(Hararge) 지역의 하브로(Habro) 구역에서 처음 수집되었으며 커피열매병에 내성이 강하고 높은 수확량과 브론즈 팁의 특징을 가지고 있다. 하라 커피 특유의 독특한 향미가 특징이며 2010년에 메차라 농업연구소(Mechara Agricultural Research Center)가 '스페셜티 그룹' 품종으로 출시하면서 첫 번째라는 뜻의 'Mechara-1'로 명명했다.

Mello

에티오피아 남서부의 지역 품종.

Melko CH2

1973년에 짐마 농업연구소에서 선택한 '7395'와 1966년에 ORSTOM에서 수집한 'Dessu'를 교배해 만든 품종으로 1998년에 출시되었다. 짐마 농업연구소가 위치한 멜코(Melko) 마을의 이름과 교배종이라는 뜻의 단어 'CH'를 붙여 명명했으며 '7395×Dessu'라고도 한다. 연구에 따르면 커피열매병에 강한 내성과 높은 수확량이 특징이다.

Melko-Ibsitu

에티오피아 남서부 짐마에서 재배되는 교배종. 짐마 농업연구소가 위치한 멜코 마을의 이름과 오로모 어로 '밝은(또는 빛)'이라는 뜻의 단어 'Ibsitu'를 붙여 명명했다.

Metu / Mettu

에티오피아 남서부 일루바보라의 지역 품종.

Merdacheriko

에티오피아 남서부 짐마의 지역 품종. 1981년에 짐마의 게라 구역에 위치한 오바체리코(Obacheriko) 숲에서 수집되었다. 커피열매병과 커피마름병에 내성이 강하고 수확량도 높아 2006년에 게라 주변 지역에도 출시됐다.

Meta-Dema

에티오피아 남서부 웰레가의 지역 품종.

Meke

에티오피아 보레나, 시다마의 지역 품종.

Mia

에티오피아 남서부 짐마, 리무, 일루바보라의 지역 품종.

Miro

에티오피아 남서부의 지역 품종.

Mi'oftu / F-35

2002년에 짐마 농업연구소에서 출시한 품종. 1966년에 ORSTOM에 의해 벤치 마지 지역의 미잔 테페리(Mizan Teferi) 마을에서 수집되어 'F-35'라는 이름으로 출시되었다. 오로모 어로 '달콤한'이라는 뜻이며, 'Mi'oftu'와 'Gesha' 사이의 관계에 대한 연구자료는 아직 없지만 비슷한 유전자의 영향을 받았을 것으로 추정된다. 커피열매병에 취약하지만 품질은 매우 우수하다.

Miqe

에티오피아 남동부 구지(Guji), 보레나의 지역 품종. 커피나무의 모양과 중간 크기의 커피체리가 지역에 자생하는 토착나무 '미크(Miqe)'와 형태적으로 유사한 특징을 가지고 있다.

Mito

에티오피아 남서부의 지역 품종.

Mocha

2010년에 짐마 농업연구소에서 출시한 품종. 하라의 골라 케테바(Gola Keteba)라는 지역에서 수집되었으며 커피열매병에 내성이 강하고 높은 수확량과 브론즈 팁의 특징을 가지고 있다.

Muyera

에티오피아 동부 하라의 지역 품종. 지역 농부들에게 가뭄과 질병에 내성이 강한 것으로 알려졌으며 주황색 커피체리와 브론즈 팁의 특징을 가지고 있다.

Mugi

에티오피아 남서부 웰레가의 지역 품종.

Nole Buna

에티오피아 남서부 놀(Nole)의 지역 품종.

Odicha

2010년에 짐마 농업연구소의 지역 재래품종 개발 프로그램에 의해 출시된 품종. 지역 방언으로 '성공적'이라는 뜻이며 1997년에 보레나 지역의 아바야 구역에서 처음 발견되었다. 시다마 지역에 제한적으로 분포되어 있으며 커피열매병, 커피녹병에 내성이 강하고 높은 수확량과 우수한 품질이 특징이다.

Olaha

에티오피아 동부 하라의 지역 품종.

Orommie

에티오피아 남서부의 지역 품종.

Oshiro / Oromie

에티오피아 남서부의 지역 품종.

Sardo Buna

에티오피아 남서부 사르도(Sardo)의 지역 품종. 커피나무의 가는 잎이 지역에 자생하는 '우산 잔디(Bermuda Grass)'와 비슷하다는 뜻에서 지은 이름일 것으로 추정된다.

Sawa

에티오피아 남동부 구지, 보레나의 지역 품종. 키가 작은 커피나무와 작은 크기의 커피 체리가 지역에 자생하는 토착나무 '사와(Sawa)'와 형태적으로 유사하다는 뜻에서 지은 이름이다.

Selalei 1 / 2

에티오피아 남서부의 지역 품종. 남서부의 피체 셀랄레이(Fiche Selalei)라는 도시로 사람들이 이주하면서 지은 이름이다.

Senbo Buna

에티오피아 남서부 짐마의 지역 품종. 커피나무 옆에서 그늘을 만들어 주던 토착나무 '센보(Senbo)'의 이름을 따 명명했다.

Sende

짐마 농업연구소의 지역 재래품종 개발 프로그램에 의해 출시된 품종. 1998년에 하루 구역에서 처음 수집되었으며 커피열매병에 중간 정도의 내성과 뛰어난 향미를 가지고 있다.

Setamo

에티오피아 남동부의 지역 품종.

Setea

에티오피아 남서부의 지역 품종.

Shamilei

에티오피아 남동부의 지역 품종.

Shayta

에티오피아 남서부의 지역 품종.

Shek Ousen

에티오피아 동부 하라의 지역 품종. 높은 수확량과 브론즈 팁의 특징을 가지고 있지만 커피열매병에 취약하다는 단점이 있다.

Shimbre

에티오피아 동부 하라의 지역 품종. '74110'과 매우 유사하며 커피열매병에 내성이 강하고 높은 수확량이 특징이다.

Shinkyi

에티오피아 동부 하라의 지역 품종. 커피열매병에 내성이 강하고 높은 수확량과 브론즈 팁의 특징을 가지고 있다.

Sor Buna

에티오피아 남서부 일루바보라의 지역 품종. 남서부에서 가장 큰 강인 'Sor Geba'의 지리적 특징에서 따온 이름이다.

Syndi / Sinde

에티오피아 남서부 웰레가의 지역 품종. 'Syndi'는 지역 방언으로 '밀'이라는 뜻이며 그만큼 커피체리의 크기가 작고 미세하다는 뜻에서 지은 이름일 것으로 추정된다.

Tafari-Kela

에티오피아 남동부의 지역 품종. 1930년에서 1955년 사이에 탄자니아, 케냐, 인도로 전파되었을 것으로 추정되며, 벨기에 농학자 장 니콜라스 윈트겐스에 의해 처음 분류되었다. 브론즈 팁과 아래로 처진 나뭇가지가 특징이다.

Tepi

에티오피아 남서부 테피의 지역 품종.

Tepi-CH5

짐마 농업연구소에서 출시한 교배종. 기후변화에 대응해 가뭄에 내성이 강한 품종을 찾아 개발되었다. 테피의 커피 연구소에서 개발한 교배종(CH)이라는 뜻에서 지은 이름이다.

Terako

에티오피아 남동부의 지역 품종.

Tikur Buna

에티오피아 남동부 게뎁(Gedeb)의 지역 품종. 'Tikur'는 지역 방언으로 '검은색'이라는 뜻이다.

Tils

에티오피아 남동부의 지역 품종.

Tirtira Goyo

에티오피아 남동부 티르티라 고요(Tirtira Goyo)의 지역 품종.

Toluma Buna

에티오피아 남서부의 지역 품종.

Torbi

에티오피아 동부 하라의 지역 품종. 오로모 어로 '빠른'이라는 뜻이며 다른 품종에 비해 성장속도가 빠르다는 뜻에서 지은 이름일 것으로 추정된다.

Tujar

에티오피아 동부 하라의 지역 품종.

Urgoftu

에티오피아 남서부의 지역 품종. 오로모 어로 '매우 향기로운'이라는 뜻이다.

Waba

에티오피아 남서부 웰레가의 지역 품종.

Wegere

에티오피아 동부 하라의 지역 품종. 질병에 내성이 강하고 커피체리가 검붉은색을 띠며 브론즈 팁의 특징을 가지고 있다.

Wenago

에티오피아 남동부 게데오의 지역 품종.

Wendie

에티오피아 남서부의 지역 품종.

Wojo

에티오피아 남동부의 지역 품종.

Wolicho

에티오피아 남동부 게뎁의 지역 품종. 1989년에서 1994년 사이에 진행된 품종이력 추적조사에 의해 확인됐으며 각 지역 방언에 따라 'Walichu', 'Wecincho', 'Welencho', 'Wolancho' 등 다양한 이름으로 불린다. 지역에 자생하는 토착나무와 형태적으로 유사하다는 뜻에서 지은 이름이며, 브론즈 팁의 특징을 가지고 있다. 생산량이 일정하지 않다는 단점이 있다.

Wush Wush

2006년에 짐마 농업연구소의 지역 재래품종 개발 프로그램에 의해 출시된 품종. 1975년에 우쉬 우쉬(Wush Wush) 지역에서 수집되었으며 커피열매병에 강한 내성을 가지고 있다. 처음에는 '754'로 출시되었지만 이후 'Wush Wush'로 재출시되었다.

Yabeshe Buna

에티오피아 남서부 감벨라의 지역 품종. 'Yabeshe'는 '외지인'이라는 뜻의 단어 'Habesha'에서 유래했으며 외지에서 온 품종이라는 뜻이다.

Yachi

2006년에 짐마 농업연구소의 지역 재래품종 개발 프로그램에 의해 출시된 품종. 1975년에 야치(Yachi) 지역에서 처음 수집되었으며 질병에 내성이 강하고 높은 수확량과 우수한 품질이 특징이다.

Yawan

에티오피아 남서부 웰레가의 지역 품종.

Yeboto Buna

에티오피아 남서부의 지역 품종.

Yekurundusie Buna

에티오피아 남서부의 지역 품종.

Yembo Buna

에티오피아 남서부의 지역 품종.

Yembo Darma Buna

에티오피아 남서부의 지역 품종.

YEMENI VARIETY

CHAPTER 3

JA'ADI

커피의 역사와 산업이라는 관점에서 아라비아 반도 최남단에 위치한 '예멘'의 역할은 매우 중요하다. 1900년대 초 커피가 에티오피아에서 처음 발견됐다는 사실이 밝혀지기 전까지 예멘은 커피의 기원으로 알려져 있었다.

1. 예멘 커피의 과거와 현재
Past and Present of Coffee in Yemen

커피의 역사와 산업이라는 관점에서 아라비아 반도 최남단에 위치한 '예멘'의 역할은 매우 중요하다. 코페아 아라비카의 '아라비카'도 실은 '아라비아에서 온'이라는 뜻이며, 1900년대 초 커피가 에티오피아에서 처음 발견됐다는 사실이 밝혀지기 전까지 예멘은 커피의 기원으로 알려져 있었다.

정확한 시기는 알 수 없지만 예멘은 에티오피아에서 들여온 커피를 최초로 경작해 성공했으며, 한때 전 세계 커피 교역량의 90% 이상을 차지할 만큼 대표적인 커피 생산국의 지위를 누리기도 했다. 이후 예멘의 작은 항구인 모카항(Port of Mokha)은 전 세계로 커피를 수출하면서 세계에서 가장 오래되고 유명한 커피 무역항이 되었고, 여기서 파생한 모카(Moka)는 예멘 커피처럼 향이 강하고 자극적인 커피, 혹은 내추럴 커피를 가리키는 대명사로 사용되었다. 에티오피아의 모카 하라(Moka Harrar)를 대표적인 예로 들 수 있다.

과거 커피 생산국이자 수출국으로서 최고의 전성기를 누리던 예멘은 유럽과 미국 시장의 수요가 늘어나면서 자체적으로 커피에 지역 이름을 붙여 산지를 보호하려는 움직임이 일었고, 이후 '마타리(Mattari)', '사나니(Sanani)' 등의 지명을 딴 커피가 판매됐지만 일부 무역상들이 질 낮은 저가 커피를 혼합하면서 예멘 커피에 대한 인식도 변하기 시작했다. 이 같은 행위가 규제를 받지 않는 시장 구조로 인해 예멘 커피는 지속적인 품질 문제에 노출되었고, 이는 곧 예멘 커피의 품질 하락을 가져왔다. 이후 예멘의 커피산업은 상대적으로 더디게 발전하며 세간의 관심에서도 점차 멀어졌지만 최근 커피품종이 화두로 떠오르면서 예멘의 지역 고유품종이 다시 주목받고 있다.

농업에 적합한 땅이 국토의 단 3%에 불과한 예멘은 전국에 흩어져 있는 수백 개의 요새 마을에서 계단식 커피 경작이 이루어지고 있다. 예멘 커피는 해발 2,500m 이상의 고지대에서 재배되기도 하며 단위 면적당 생산성은 매우 낮지만 지리적으로 오랜 시간 고립된 재배환경과 유전적 특성에서 비롯된 독특한 향신료 향과 초콜릿 향으로 오래전부터 많은 커피 애호가들의 사랑을 받았다. 스페셜티 커피산업이 계속 발전하고 품질이 핵심 이슈로 부상하면서 최근 예멘에서도 단순히 판매량을 늘리기보다 품질을 최우선에 두고 커피를 재배하려는 노력이 확대되고 있다.

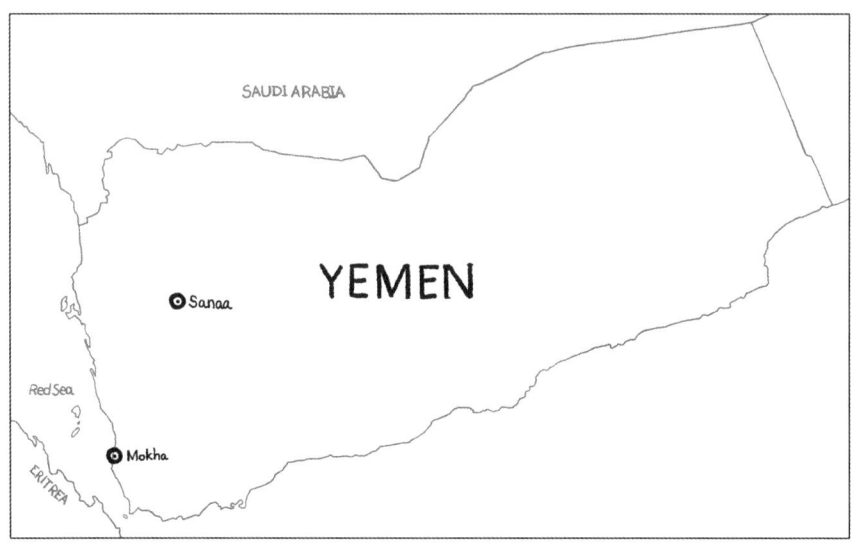

예멘 지도

2. 예멘 품종
Yemeni Variety

예멘은 근대에 전 세계로 전파된 '티피카(Typica)'와 '버본(Bourbon)'의 원종이 있는 곳으로 알려지면서 더 큰 주목을 받았다. 예멘은 현재 세계에서 가장 오래된 커피산지 중 하나로 오랜 커피 생산의 역사를 지니고 있으며, 특히 에티오피아 다음으로 독자적인 커피 재배환경을 구축한 곳이라는 점에서 품종을 연구하는 데 중요한 의미를 지닌다. 에티오피아를 제외하고는 외부에서 유입된 품종이 거의 없고, 수백 년에서 길게는 천년이 넘는 시간 동안 독립적으로 커피를 생산하면서 고유의 품종군을 형성해 왔기 때문이다.

예멘 커피는 에티오피아와 마찬가지로 품종보다 지역을 중심으로 발전했다. 예멘을 대표하는 커피로 유명한 '마타리'는 바니 마타르(Bani Mattar)라는 지역명에서 유래했으며, '사나니' 역시 예멘에서 가장 큰 커피산지인 사나(Sana'a)의 이름을 따서 지었다. 때문에 예멘은 상대적으로 품종 자체에 대한 정보가 부족하고 이를 명확히 구분하는 것 또한 쉽지 않다.

실제로 예멘 현지에서 상당히 많은 품종들이 이렇다 할 구분체계 없이 서로 다른 이름으로 재배되다가 1993년에 이르러서야 미국 국제개발처(United States Agency for International Development, USAID)가 진행한 품종 조사를 통해 우다이니(Udaini), 다와이리(Dawairi), 투파히(Tufahi), 부라아이(Bura'ai)로 분류되었다. 조사 결과 대부분의 예멘 커피품종이 위의 네 가지 분류에 해당하는 것으로 밝혀졌고, 이후 진행된 연구를 통해 테사위(Tessawi)와 콜라니(Kholani)가 추가되었다. 그 중에서도 우다이니는 예멘에서 발견되는 상당수의 커피품종과 유사한 경향을 보인다는 점에서 이 지역에서 가장 오래된 품종일 것으로 추정된다.

예멘의 주요 대학과 농업연구소를 중심으로 보다 정확한 품질 분류를 위해 데이터베이스 구축 등 많은 노력을 기울이고 있지만 실제 생산 현장에서는 아직 과학적 접근이 부족한 것이 사실이다. 2000년대 중반까지 진행되었던 품종 연구는 2010년대에 들어 내전으로 인한 예멘 내부의 정치·경제적 문제로 잠시 중단되었지만 앞으로 더 많은 연구가 진행된다면 예멘 지역의 고유품종에 관한 정보도 더 쉽고 자세히 정리될 것으로 기대된다.

1 Udaini 우다이니

브론즈 팁의 특징을 가지고 있지만 시간이 지나면서 점차 짙은 녹색으로 변한다. 커피나무는 해발 2,000m 정도에 분포되어 있으며 높이 자라기도 하지만 대부분 키가 2m를 넘지 않고, 가지는 아래로 살짝 처진 형태를 하고 있다. 일 년에 한 번만 수확이 가능하기 때문에 생산성이 매우 낮은 편이다. 커피체리는 크기가 작은 축에 속하며 생두는 둥근 모양이 특징이다.

2 Dawairi 다와이리

브론즈 팁의 특징을 가지고 있으며 커피나무는 해발 1,700m(또는 그 이하) 정도에 분포되어 있다. 커피나무는 둥근 형태로 자라며 잎이 크고 2m 이하로 키가 작은 편이지만 4m까지 크는 경우도 있다. 커피체리는 길쭉한 타원 모양이며 생두는 비교적 일정한 형태를 띠고 일 년 내내 수확이 가능하다는 장점이 있다.

3 Tufahi 투파히

옅은 브론즈 팁의 특징을 가지고 있으며 커피나무의 키는 2~6m로 큰 축에 속한다. 비교적 넓은 지역에 분포되어 있지만 해발 2,000m 이상에서는 잘 자라지 못한다. 생두는 대체로 크기가 크고 긴 모양이며 격년으로 수확한다.

4 Bura'ai 부라아이

그린 팁의 특징을 가지고 있으며 커피체리는 작고 둥근 모양이다. 커피나무는 원뿔 형태로 자라고 가지가 부드러운 것이 특징이다. 고도가 높은 지역에서도 잘 자라며 해발 2,500m에서 발견되기도 한다.

5 Tessawi 테사위

그린 팁과 브론즈 팁의 특징을 모두 가지고 있으며 커피나무의 키는 2~4m로 보통이다. 생두는 크기가 큰 것들이 많이 섞여 있고 형태가 일정하지 않은 것이 특징이다.

6 Kholani 콜라니

그린 팁의 특징을 가지고 있으며 커피체리의 과육이 매우 달콤하다. 생두는 타원형으로 일부 크기가 큰 것들이 섞여 있으며, 커피나무는 원뿔 형태로 자라고 가지의 마디가 넓은 편이다. 커피나무가 약 4m까지 크는 것으로 알려졌다.

3. 지역 재래품종
Local Landrace

예멘은 주로 서쪽에 높은 산맥이 위치해 있어 커피산지도 대부분 서쪽에 치우쳐져 있다. 실제로 예멘 커피의 95% 이상이 서쪽에서 재배되고 있는데, 이 지역 커피산지는 다시 북부, 중부, 남부로 세분화되며 이 중 북부 지방의 커피 생산량이 가장 미미하다.

지방별로 살펴보면 북부는 사다(Sada), 하자(Hajah), 암란(Amran), 중부는 사나, 마위트(Mahweet), 라이마(Raymah), 다마르(Dhamar), 호데이다(Hodeidah), 남부는 이브(Ibb), 타이즈(Taiz), 달리(Dhale'), 라히즈(Lahj), 바이다(Al Bayda), 아브얀(Abyan) 등으로 나뉜다.

위에서 언급한 우다이니, 다와이리, 투파히, 부라아이 등의 품종은 예멘 전역에 걸쳐 재배되고 있지만 실은 각 지역의 이름을 딴 품종으로 소개되고 있으며, 다른 지역의 고유품종을 생산하기도 한다. 같은 품종이지만 지역마다 부르는 이름이 다르고 표기법에 차이가 있는 경우도 빈번하다. 대부분 지방 또는 골짜기 이름을 붙이는데 에티오피아의 품종 구분과 매우 유사한 방식이다.

자치구별 품종과 이름

자치구		품종
북부	SADA	Dawairi, Tufahi, Udaini, Kholani
	HAJAH	Shani, Safi, Masrahi, Shami, Bazi, Methani, Jua'ari
	AMRAN	Udaini, Tufahi, Ismaeli, Dawairi, Gu'adi
중부	SANA'A	Mattari, Dawairi, Dawarani, Tufahi, Shubriqi, Harazi, Ismaili, Ja'adi, Hawri, Hubriqik, Shubrizi
	MAHWEET	Mahwaiti, Tufahi, Burrai, Udaini, Dawarani, Melhani, Hufashi
	RAYMAH	Raymi, Dawairi, Bura'ae, Kubari, Tufahi, Udaini
	DHAMAR	Dawarani, Ja'adi, Tufahi, Udaini, Faili, Ja'adi, Sharafi
	HODEIDAH	Dawairi, Tufahi, Sughari, Kubari, Udaini, Ja'adi, Jadi Shubriqi, Bura'i Hufani, Bura'ai, Hufashi, Jabal Rasa
	MARIB	Essay
남부	IBB	Udaini, Sa'afani
	TAIZ	Hammadi, Udaini, Tufahi, Dawairi, Melhani, Hufashi
	DHALE'	Yafei', Lodeas Madhghood and Hawla Madhghood
	LAHJ	Yafei'
	AL BAYDA	Yafei'
	ABYAN	Essai, Qudi, Banan, Tasawai, Yafei

예멘의 계단식 커피 경작

4. 예메니아
Yemenia

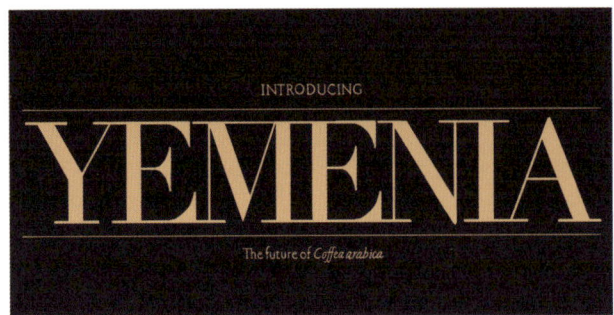

2020년 시도된 예멘 커피의 DNA 분류 작업

2019년에 영국을 기반으로 예멘의 스페셜티 커피를 전문적으로 소개하는 기업인 퀴마커피(Qima Coffee)와 커피 유전학자 크리스토프 몬태논(Christophe Montagnon) 박사는 예멘 커피에 대한 유전적 접근법을 처음으로 시도했다. 이들은 예멘에서 수집한 커피들과 기존에 연구되었던 전 세계 품종들에 대한 유전적 분류 작업을 수행했고, 이는 커피 역사상 가장 중요한 발견 중 하나로 이어졌다.

2020년에 전 세계에 흩어진 137개 품종을 분석한 결과, 'Ethiopian', 'Typica & Bourbon', 'SL34', 'SL17' 그리고 그 어디에도 속하지 않는 품종군이 새롭게 발견되었고, 이는 '예메니아(Yemenia)'라고 명명되었다.

품종의 분포를 보면 크게 에티오피아와 예멘이 서로 다른 그룹을 형성하고 있는데, 그만큼 예멘이 유전적으로 다양한 품종을 보유하고 있다는 것을 의미한다. 예멘 품종 중 일부는 'Typica & Bourbon'과 'SL34'에 속해있는데, 이를 통해 다양한 근대 품종이 예멘 품종으로부터 발전했음을 알 수 있다.

위의 연구 결과는 2020년 7월에 발표됐지만 앞으로 지속적인 연구가 진행되어 머지않아 예멘 품종뿐만 아니라 커피품종 자체에 대한 분류가 구체적으로 진행될 수 있기를 기대해 본다.

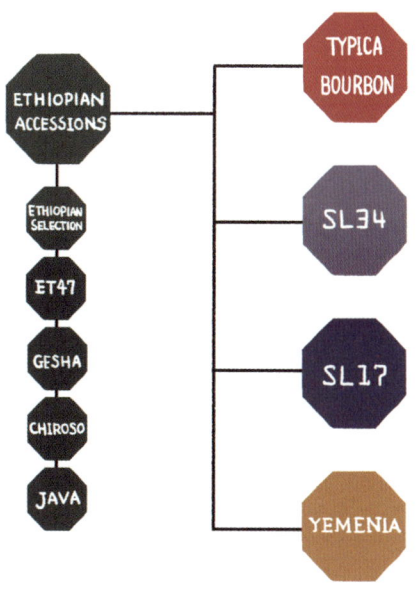

예멘에서 수집한 아라비카 품종의 DNA 분석을 통해 크게 다섯 가지
(Ethiopian, Typica & Bourbon, SL34, SL17, Yemenia) 유전적 개체군이 분류되었다.

실험에 사용되었던 샘플의 개체 분류

Ethiopian	Typica & Bourbon	SL17	SL34	Yemenia	Total
73	22	8	10	24	137

5. 예멘 커피 리스트
Yemeni Coffee List

Abu Sura

미분류 또는 정보 없음.

Banan

미분류 또는 정보 없음.

Bazi

미분류 또는 정보 없음.

Burrai / Bura'ae / Bura'ai / Bura'i Hufaini

예멘에서 파생된 품종 중 하나로, 그린 팁의 특징을 가지고 있으며 일부 고도가 높은 지역에서 발견된다. 생두는 비교적 작고 둥근 형태를 띤다.

Dawairi / Dawarani

예멘에서 파생된 품종 중 하나로, 브론즈 팁의 특징을 가지고 있으며 비교적 낮은 지대에 많이 분포되어 있다.

Essaei / Essai

미분류 또는 정보 없음.

Fadli

미분류 또는 정보 없음.

Gu'adi

미분류 또는 정보 없음.

Hawri

미분류 또는 정보 없음.

Haimi

예멘 하이마(Hayma) 지역의 커피를 뜻하지만 시간이 지나면서 그 지역에 자생하는 품종을 의미하게 되었다.

Hammadi

미분류 또는 정보 없음.

Harazi

예멘 하라즈(Haraz) 지역의 커피를 뜻하지만 시간이 지나면서 그 지역에 자생하는 품종을 의미하게 되었다.

Hawla Madhghood / Lodeas Madhghood

미분류 또는 정보 없음.

Hawri

미분류 또는 정보 없음.

Hubriqik

미분류 또는 정보 없음.

Hufashi

미분류 또는 정보 없음.

Ismaili / Ismaeli

예멘 바니 이즈마일리(Bani Ismaili) 지역의 커피를 뜻하지만 시간이 지나면서 그 지역에 자생하는 품종을 의미하게 되었다.

Ja'adi

예멘 사나 지역에서 재배되는 품종으로 그린 팁의 특징을 가지고 있으며 수확량이 비교적 높고 고지대에서 자라는 것으로 알려졌다.

Jabal Rasa

미분류 또는 정보 없음.

Kholani

예멘에서 파생된 품종 중 하나로, 그린 팁의 특징을 가지고 있으며 커피체리의 과육이 매우 달다. 커피나무는 원뿔형으로 키가 4m까지 자라는 것으로 알려졌다.

Kubari

미분류 또는 정보 없음.

Mahwaiti

미분류 또는 정보 없음.

Masrahi

미분류 또는 정보 없음.

Mattari

예멘 바니 마타르 지역의 커피를 뜻하지만 시간이 지나면서 그 지역에 자생하는 품종을 의미하게 되었다.

Melhani / Methani

미분류 또는 정보 없음.

Oubale

미분류 또는 정보 없음.

Qudi

미분류 또는 정보 없음.

Raymi

예멘 라이마 지역의 커피를 뜻하지만 시간이 지나면서 그 지역에 자생하는 품종을 의미하게 되었다.

Safi

미분류 또는 정보 없음.

Sanani

예멘 사나 지역의 커피를 뜻하지만 시간이 지나면서 그 지역에 자생하는 품종을 의미하게 되었다.

Sa'afani

미분류 또는 정보 없음.

Shami

미분류 또는 정보 없음.

Shani

미분류 또는 정보 없음.

Sharafi

미분류 또는 정보 없음.

Shubriqi / Shubrizi

미분류 또는 정보 없음.

Sughari

미분류 또는 정보 없음.

Tasawai

예멘에서 파생된 품종 중 하나로, 그린 팁과 브론즈 팁이 혼합되어 나타나며 생두의 크기가 다소 고르지 않다.

Tufahi

예멘에서 파생된 품종 중 하나로, 커피나무가 최대 6m까지 자라는 것으로 알려졌다. 옅은 브론즈 팁의 특징을 가지고 있으며 해발 2,000m 이상의 고지대에서는 찾아보기 어렵다.

Udaini

예멘에 처음 커피가 전파되어 재배된 지역으로 추정되는 우다인(Udayn) 지역의 커피로, 근대에 전 세계로 전파된 티피카의 원종이자 가장 오래된 예멘 품종이다. 예멘에 전국적으로 분포되어 있으며 브론즈 팁의 특징을 가지고 있고 커피나무의 키가 2m를 넘지 않는 것이 특징이다.

Wade'i

'Udaini'와 함께 아주 오래된 예멘 품종 중 하나로, 버본의 원종일 것으로 추정된다. 커피체리가 노란색을 띠며 그린 팁의 특징을 가지고 있다.

Yafei'

미분류 또는 정보 없음.

MODERN ARABICA VARIETY

CHAPTER 4

GEISHA

근데 아라비카는 커피시장의 형성, 발전 그리고 부흥과 밀접한 관련이 있으며 대표적인 품종으로 티피카, 버본이 매우 중요한 역할을 하고 있다. 두 품종은 '커피'라는 이름으로 전 세계에 전파되었고 오늘날 전체 아라비카 커피 생산량의 90% 이상을 차지하고 있다.

1. 대표적인 근대 아라비카 품종
Modern Arabica

근대 아라비카는 커피시장의 형성, 발전, 그리고 부흥과 밀접한 관련이 있으며 대표적인 품종으로 티피카, 버본이 매우 중요한 역할을 하고 있다. 두 품종은 '커피'라는 이름으로 전 세계에 전파되었고 오늘날 전체 아라비카 커피 생산량의 90% 이상을 차지하고 있다. 이처럼 티피카와 버본은 아라비카 커피 생산에서 차지하는 비중이 클 뿐만 아니라 유전적 다양성이 부족한 아라비카의 대표 품종으로서 다른 아라비카 품종을 이해하기 위해서도 그 역사를 알아 둘 필요가 있다.

근대 아라비카 품종은 일부 국가에서 여러 국가로 확산되며 커피 재배에 적합한 지역을 찾아가는 과정에서 발전했다. 커피는 맨 처음 에티오피아에서 예멘으로 전달되었고 이후 아시아를 거쳐 전 세계로 전파됐으며, 재배에 성공과 실패를 거듭하면서 새로운 환경에 적응해 나갔다. 이를 통해 근대 아라비카 품종은 아프리카, 아시아에서 아메리카로 재배 지역이 점차 확대되었다.

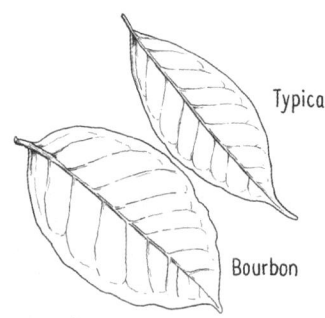

버본과 티피카의 잎 모양

2. 티피카 품종
Typica Types

티피카가 정확히 어떤 경로로 전 세계에 확산되었는지는 규명할 수 없지만 예멘 또는 인도를 통해 전파되었을 것으로 추측된다. 그동안은 커피의 초기 전파 과정에 대한 출처가 명확하지 않아 일부 기록에 의존해 확실하지 않은 정보를 사실처럼 여기기도 했다.

1670년에 인도·커피의 발상지인 바바 부단기리(Baba Budangiri)로 전달된 커피(1600년 예멘에서 인도로 전달된 커피는 산사태로 전부 소실되었다가 1670년 다시 전파되어 지금까지 이어져 온 것으로 추정된다)는 인도 남부 고지대의 커피산지 이름을 딴 마이소르(Mysore, 옛 이름 말라바) 품종으로 이 지역 커피산업이 시작되는 데 지대한 기여를 했다. 이후 인도에서 인도네시아 자바 섬으로 전달된 커피는 1706년에 묘목으로 네덜란드 암스테르담 식물원에 전해졌고, 이는 커피가 전 세계로 확산되는 결정적 계기가 되었다.

커피는 예멘과 인도, 네덜란드를 거치면서 다양한 이름으로 불렸지만 그 뿌리는 티피카로 거슬러 올라가며, 커피의 전파와 함께 티피카 품종도 본격적인 발전을 이루었다. 1714년에는 네덜란드와 프랑스가 평화조약을 체결하면서 암스테르담 시장이 프랑스 왕 루이 4세에게 커피나무를 선물했고, 파리 식물원(Jardin des Plantes)의 온실에서 자란 이 나무는 이후 프랑스령 적도 아프리카, 아이티, 마르티니크 등 다양한 국가로 퍼져 나갔다.

3. 버본 품종
Bourbon Types

버본은 프랑스에 의해 발전된 품종으로 1708년부터 1718년까지 예멘에서 프랑스령 레위니옹 섬(옛 지명 부르봉 섬(Bourbon Island))으로 전해져 세 차례의 시도 끝에 재배에 성공했고, 1718년에 마지막 이식에서 살아남은 소량의 커피나무가 버본 품종의 출발점이었다. 이후 버본은 프랑스 선교사들과 함께 케냐, 탄자니아로 건너가 오늘날 '프렌치 미션(French Mission)'으로 불리는 품종의 기원이 되었고, 1860년대에 브라질에 전파되면서 다른 중남미 지역으로 빠르게 확산되었다.

'프렌치 미션'이라는 이름은 1841년에 레위니옹 섬의 프랑스 선교사들이 케냐와 탄자니아에 선교부를 설립하면서 심은 커피나무 묘목이 케냐의 수도인 나이로비(Nairobi)로 전해진 것에서 유래한다. DNA 분석을 통해 '프렌치 미션'이 실은 버본 계열의 품종이라는 사실이 밝혀지면서 당시 레위니옹 섬에서 나이로비로 전파된 커피도 버본 품종일 것으로 추정하고 있다.

한편 최근 이루어진 DNA 분석에 의하면 오래전부터 인도에서 재배되어 왔지만 현재는 재배하지 않는 쿠르그(Coorg)와 티피카의 자연변종인 켄트(Kent) 두 품종이 버본과 연관성이 있는 것으로 밝혀졌는데, 이는 바바 부단이 예멘에서 인도로 커피를 들여왔을 때 티피카와 버본이 모두 전파되었을 가능성을 시사한다. 예멘에서 레위니옹 섬을 거쳐 케냐에 안착한 품종과 오랜 세월 인도에서 재배되어 온 품종이 동일한 버본 계열 품종으로 확인됐기 때문이다. 커피가 인도에서 인도네시아로, 이후 네덜란드에 의해 전 세계로 확산될 당시 버본을 제외한 일부 티피카 품종만 따로 분리되어 전파되었을 것으로 추측되는 대목이다.

전 세계로 전파된 버본은 여러 가지 변종을 만들어 내기도 했는데 특히 커피체리의 색상이 '빨간색(Red)', '노란색(Yellow)', '주황색(Orange)', '분홍색(Pink)' 등으로 다양하게 변하는 특징이 있다. 색상에 따른 유전적 차이는 크지 않지만 관능적 차이로 인해 커피산업에서는 마케팅 요소로 많이 활용된다.

2018년에는 이탈리아 커피회사인 일리(Illy)와 라바짜(Lavazza)의 공동 연구 개발을 통해 '코페아 아라비카 게놈 지도(Coffea Arabica Genome Sequence)' 표본이 완성되었는데, 그 중에서도 버본이 품질이나 보급화 측면에서 대표 품종으로 선택되어 커피 유전자 연구를 위해 무료 공개됐으며 이를 계기로 다양한 아라비카 품종 연구가 시작되었다.

4. 피터 요하네스 사무엘 크래머
P.J.S Cramer

네덜란드의 식물학자인 피터 요하네스 사무엘 크래머(Pieter Johannes Samuel Cramer, P.J.S. Cramer)는 일부 아라비카 품종의 발견과 전파에 중요한 역할을 한 인물로 인도네시아에 장기간 체류하며 다양한 식물을 연구한 것으로 전해진다. 커피도 그 중 하나로 에티오피아에서 직접 가져온 묘목을 옮겨 심거나 품종에 출처가 되는 지역의 이름을 붙여 소개하기도 했다. 당시 그는 다양한 품종의 커피나무를 관리했는데 간혹 변종이 발견되는 경우도 있었으며, 대표적으로 '푸르푸라센스(Purpurascens)'라고 하는 자주색 또는 보라색 잎이 특징인 품종을 들 수 있다.

인도네시아에서 커피 정원을 관리하는 P.J.S. Cramer

5. 파나마 게이샤
Panama Geisha

2004년 남·북아메리카 사이에 위치한 파나마에서는 현대 커피 역사상 가장 중요한 품종 중 하나로 꼽히는 게이샤가 등장했다. 이제는 너무 유명해져서 전 세계적으로 많이 재배되고 있는 품종이지만 불과 몇 년 전만 해도 게이샤는 커피녹병에 내성이 강한 연구 목적의 품종 정도로 알려져 있었다. 그러다 2004년 파나마스페셜티커피협회에서 주관하는 '베스트 오브 파나마(Best of Panama, BOP)'라는 커피 품평 대회에 등장해 우수한 품질을 인정받고 높은 가격에 거래되면서 커피산업에 큰 반향을 불러일으켰다.

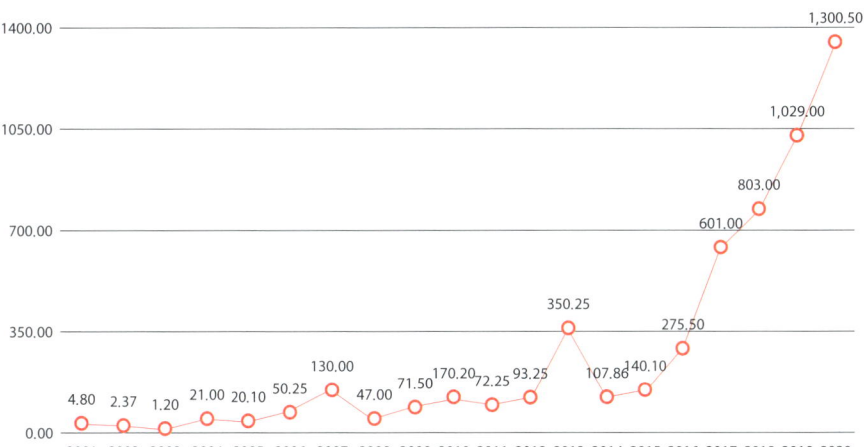

베스트 오브 파나마의 게이샤 가격 추이 (단위: $/lb)

게이샤는 1931년에 에티오피아 남서부에 위치한 벤치 마지 지역의 게샤 또는 게챠(Gecha)라고 하는 마을에서 처음 발견되었고, 반출될 당시의 명칭은 아비시니안(Abyssinian)이었다. 이듬해인 1932년 케냐의 키탈레 연구소로 전달된 게이샤는 'Geisha 1', 'Geisha 9', 'Geisha 10', 'Geisha 11', 'Geisha 12'로 구분해 불렸으며, 1933년에는 'Abyssinian 1', 'Abyssinian 2'라는 이름으로 우간다에 전달되었고, 1936년 탄자니아 랴문구(Lyamungu) 지역에 위치한 커피 연구소(Tanzania Coffee Research Institute, TaCRI)에 'VC 496-500'으로 소개되었다. 1930년대에 게이샤는 아프리카를 중심으로 커피녹병에 내성이 강한 품종으로 전파됐지만 지금처럼 재배가 활발히 이루어지진 않았다.

파나마 게이샤의 커피나무

1953년에 아메리카로 건너간 게이샤는 코스타리카 열대농업연구교육센터(Centro Agronómico Tropical de Investigación y Enseñanza, CATIE)로 전해져 몇몇 농장에 소개되었다. 이때 받은 게이샤 묘목을 일부 농장에서는 지금도 재배하고 있지만 당시만 해도 대부분 한두 그루 정도만 농장 한쪽에서 키우고 있었다.

그러다 1963년에 파나마로 전달된 게이샤는 돈파치 농장의 프란시스코 세라친(Francisco Serracin)이라는 농장주에 의해 처음 재배되기 시작했는데 이후로도 몇 십 년간 농장 한쪽에서 키우는 질병에 강한 품종 정도로만 인식되어 왔다.

파나마의 커피 생산자인 Don Francisco Serracin

게이샤 품종이 본격적으로 알려지기 시작한 것은 파나마 보케테(Boquete) 지역의 피터슨 가(Peterson Family)에서 운영하는 에스메랄다 농장의 게이샤가 뛰어난 품질로 유명세를 타면서부터다. 2004년 '베스트 오브 파나마'에 등장해 파운드(0.4kg) 당 21달러(당시 평균 커피 가격은 파운드 당 1~2달러 선)라는 높은 금액에 판매되면서 큰 충격을 안겨 주었다. 이후 게이샤 커피의 가격은 계속 상승하여 매년 최고가를 기록했으며, 특히 2017년에 파운드 당 601달러로 시작했던 커피 가격은 2018년 803달러, 2019년 1,029달러, 2020년 1,300달러로 4년 연속 최고가를 갱신하며 스페셜티 커피의 입지를 더욱 공고히 하는 계기가 되었다.

파나마 게이샤 커피의 성공은 전 세계 커피산업에 많은 영향을 미쳤으며 게이샤의 본고장인 에티오피아를 비롯해 여러 커피 생산국에서 게이샤 품종을 재배하는 계기가 되었다. 게이샤는 '컵 오브 엑셀런스(Cup of Excellence, COE)'와 같은 세계적인 커피 품평회에서도 다수 입상하면서 어느덧 스페셜티 커피를 대표하는 품종으로 자리잡았다.

파나마 에스메랄다 농장의 Peterson Family

6. 모던 아라비카 리스트
Modern Arabica List

Abyssinia

에티오피아의 옛 지명으로, 흔히 특정 품종이 아닌 에티오피아를 가리키는 말로 사용된다. 게이샤 품종이 처음 소개될 당시 '아비시니안'이라는 이름으로 부르기도 했다. 네덜란드 식물학자 P.J.S Cramer가 에티오피아에서 가져온 품종 일부를 분류하긴 했지만 재배와 관련된 정보는 여전히 미비하다.

Acaiá

브라질에서 발견된 'Mundo Novo'의 자연변종으로 포르투갈 어로 '큰 열매(Achaia)'라는 뜻이다. 질병에 취약해 브라질 이외 지역에서는 잘 자라지 못한다.

Acauã

1975년에 브라질 커피 연구소(Brazilian Coffee Institute, IBC)에서 'Mundo Novo IAC 388-17'와 'Sarchimor IAC 1668'의 교배종으로 등록된 'IBC-PR 82010'의 별칭이다. 브론즈 팁의 특징과 커피녹병에 중간 정도의 내성을 가지고 있으며 커피나무가 튼튼한 것이 특징이다.

Acauã Novo

브라질에서 개발된 'Acauã'에서 선택된 품종이다. 'Acauã'에 라틴어로 '새로운'이라는 뜻의 단어 'Novo'를 붙여 지은 이름이다. 그린 팁의 특징을 가지고 있다.

Ana Café 14

2014년에 과테말라 커피 협회(Asociación Nacional del Café, Anacafe)가 인증한 품종이다. 1981년에 과테말라 커피 생산자 프란치스코 만차메(Francisco Manchamé)가 자신의 농장에 있는 'Pacamara' 품종의 커피나무 근처에 'Catimor'를 소량 재배하면서 자연교배된 것으로 추정된다. 커피녹병과 가뭄에 내성이 강하고 뛰어난 향미를 가지고 있어 다양한 커피산지의 품종 연구에 활용되고 있다.

Andong Sari

인도네시아 커피 카카오 연구소(Indonesian Coffee and Cocoa Research Institute, IC-CRI)에서 개발한 품종으로 'Catimor', 'Caturra', 'Hibrido de Timor'를 교배해 만들었다. 주로 인도네시아 자바 동부와 일부 지역에서 재배되며 커피녹병에 강한 내성과 높은 수확량이 특징이다.

Angustifolia

P.J.S Cramer의 농장에서 발견된 티피카의 자연변종으로 생산성이 낮으며 커피나무 잎이 얇고 열매가 긴 것이 특징이다.

Arabigo

중남미에서 발견된 티피카의 자연변종으로 사실 티피카와 같은 품종이지만 아메리카로 전달되면서 다른 이름으로 불리게 되었다. 주로 과테말라와 코스타리카에서 재배된다.

Araponga MG-1

브라질 비소사 연방 대학교(Federal University of Viçosa, UFV)에서 개발한 'Yellow Catuai IAC 86'와 'Hibrido de Timor UFV 446/08'의 교배종이다. 두 품종의 잡종 1세대(F1)인 'H516'의 농장 테스트가 브라질 아라폰가(Araponga) 지방에서 진행됐다고 하여 이곳의 이름을 따 명명했다. 커피녹병에 내성이 강하고 생산성이 높으며 'Catuai', 'Mundo Novo'와 동일한 품질인 것으로 알려졌다.

Arara

브라질에서 개발된 'Obatã'와 'Yellow Catuai' 또는 'Yellow Icatú'의 교배종으로 2012년에 출시되었다. 커피체리가 노란색을 띠며 커피녹병에 내성이 강하고 생산성이 높다. 우수한 품질로 여러 커피 품평회에서 좋은 성적을 거두었다.

Aramosa

브라질 다테하(Daterra) 농장과 이탈리아 커피회사 일리의 파트너쉽 연구를 통해 개발된 'C. Racemosa'와 'C. Arabica'의 이종교배종이다. 카페인 함량이 약 0.7%로 낮은 편이며 2013년에 출시되었다.

Arusha

탄자니아 남부 아루샤(Arusha) 고원의 고지대에서 발견된 품종으로 버본 또는 티피카의 자연변종으로 추정되며 파푸아뉴기니 고지대에서도 종종 발견된다.

Asabranca

브라질 세하도(Cerrado) 지역의 커피농장인 산토 안토니오(Fazenda Santo Antônio)에서 생산된 'Acauã'에서 선택된 품종이다. 그린 팁의 특징과 커피녹병에 중간 정도의 내성을 가지고 있으며 커피체리의 크기가 작고 검붉은색을 띠는 것이 특징이다.

Ateng

1980년에 인도네시아에서 개발된 'Catimor' 계열의 품종으로 아체 중부(Aceh Tengah) 지역에서 처음 재배를 시작했다. 질병에 내성이 강하고 생산성이 높아 많은 인도네시아 커피농장에서 재배되고 있다.

Barbuk Sudan

1940년대에 남수단공화국의 보마 고원에서 발견된 품종으로 브라질과 케냐에 질병에 내성이 강한 품종으로 소개되어 연구용으로 활용되고 있다.

BA Selection

인도 중앙 커피 연구소에서 개발한 'C. Arabica'와 'C. Liberica'의 자연교배종에서 선택된 품종으로 대부분 교배종 연구에 활용되고 있다.

Batian

'SL28'과 'SL34'를 역교배한 품종으로 2010년에 배포되었다. 커피열매병과 커피녹병에 강한 내성을 가지고 있다.

Benguet

티피카 계열의 품종으로 1875년부터 필리핀 북부에 위치한 코르디예라(Cordillera) 고원에서 재배되었다.

Bergendal / Bergundal

1880년대에 인도네시아에서 발생한 커피녹병으로부터 살아남은 티피카 계열의 품종이다. 수마트라 일부 지역에서 발견됐으며 네덜란드에 'Berg en Dal'(영어로는 Mountain and Valley)이라는 이름으로 기록된 흔적이 남아있다.

Bernardina

엘살바도르의 벨로토스 커피농장(Finca Los Bellotos)에서 발견된 품종으로 처음 발견되었을 당시 게이샤와 비슷한 아로마를 가지고 있어 같은 계열의 커피로 추정되었으나 DNA 분석 결과 'Agaro'와 유사한 계열로 밝혀졌다.

Blawn Paumah

인도네시아 수마트라와 자바 동부에서 발견된 티피카의 하위 품종으로 현재는 재배가 이루어지지 않고 있다.

Blue Mountain

티피카의 자연변종으로 자메이카의 해발 900~1,500m에서 재배되는 품종이다. 하와이 코나(Kona) 지역에서 재배되고 있는 품종과 큰 차이가 없어 동일한 품종일 것으로 추정되며, 커피열매병에 내성이 강하고 커피나무의 키가 크며 재배지에 상관없이 품질이 일정한 것이 특징이다.

Botocatu

커피체리가 노란색을 띠는 티피카의 자연변종으로 'Amarelo de Botocatu'라는 이름으로 불리기도 한다. 브라질에서는 'Yellow Bourbon'이 'Botocatu'와 'Red Bourbon'의 자연교배를 통해 생겨났을 것으로 추정한다.

Bourbon

티피카와 함께 아라비카를 대표하는 품종으로 1700년대에 프랑스인들이 파리와 예멘을 거쳐 들여온 품종을 부르봉 섬(현 레위니옹 섬)에 옮겨 심으면서 발전하기 시작했다. 이후 프랑스 선교사들에 의해 'French Mission'이라는 이름으로 동아프리카에 소개됐으며 1860년대에 브라질을 시작으로 중남미에 전파되면서 현재까지도 많이 재배되고 있다. 지역에 따라 변이를 일으키며 커피체리가 붉은색을 띠는 것부터 노란색, 분홍색을 띠는 것까지 다양한 변종이 발생했다. 티피카에 비해 20~30%가량 높은 수확량을 보이지만 질병에 내성이 약하다는 단점이 있다. 보통 해발 1,050~2,000m에서 우수한 품질의 커피를 생산하는 것으로 알려졌다.

Bourbon Amarelo / Yellow Bourbon

1930년에 브라질 페데르네이라스(Pederneiras) 지역에서 진행한 조사 결과 'Red Bourbon'의 자연변종 혹은 'Red Bourbon'과 'Amarelo de Botocatu'의 자연교배종일 것으로 추정되는 품종이다. 1945년부터 브라질 캄피나스 농업연구소(Instituto Agronômico de Campinas, IAC)에서 진행된 개체 선별 작업을 통해 브라질 국가품종목록(Registro Nacional de Cultivares, RNC)에 등록된 후 재배가 권장되어 왔다. 우수한 품질에 비해 생산성이 낮고 질병과 해충에 취약해 다른 품종으로 대체되기도 했지만 현재는 재배기술과 비료가 발전하면서 브라질 모지아나(Mogiana)와 미나스제라이스(Minas Gerais) 지역 대부분의 농장에서 재배되고 있다.

Bourbon Chocola

과테말라에서 주로 재배되는 버본 계열의 품종으로 강한 초콜릿 향이 특징이다.

Bourbon Mayaguez 139

푸에르토리코 서부의 항구 도시인 마야게스(Mayaguez)에서 미국 농무부(United States Department of Agriculture, USDA)에 의해 수집된 품종으로 1950년대 초 르완다에 처음 소개됐으며 생산성이 높아 브룬디에서 많이 재배되고 있다.

Bourbon Mayaguez 71

푸에르토리코 서부의 항구 도시인 마야게스에서 미국 농무부에 의해 수집된 품종으로 1950년대 초 르완다에 처음 소개됐으며 질병에 내성이 약하다는 단점이 있다.

Bourbon Pointu

169p Laurina 참고.

Bourboncito

과테말라에서 주로 재배되는 버본 계열의 품종으로 커피나무의 키와 생두의 크기가 모두 작으며 'Bourboncillo'라고 부르기도 한다. 생산성은 낮지만 강한 단맛과 선명한 시트러스 계열의 향미를 가지고 있다.

Brutte

1996년에 인도 남부 타밀 나두(Tamil Nadu)의 첸나이(Chennai) 지역에서 재배되었던 품종으로 인도에서는 고품질 커피로 평가되고 있으며, 탄닌과 트리고넬린 함량이 각각 14~15%, 1.5~1.7%로 높은 축에 속한다.

Budongo

우간다의 수도인 캄팔라(Kampala) 북서부에 위치한 부동고(Budongo) 숲에서 유래한 품종이다.

Bugishu

우간다에서 많이 재배되는 품종으로 우간다 북동부 엘곤산(Mount Elgon)에 위치한 시피 폭포(Sipi Falls) 인근에서 주로 재배된다. 깔끔한 맛과 향이 특징이며 내추럴 방식으로 가공된 커피는 'Drugars', 워시드 방식으로 가공된 커피는 'Wugars'라고 부른다.

Bullata

P.J.S Cramer의 농장에서 발견된 품종으로 커피나무 잎이 넓고 물결 모양에 가지가 단단한 것이 특징이다. 하지만 커피체리의 과육이 풍부한 대신 씨앗이 없는 열매가 많아 수확량이 낮다는 단점이 있다.

Canario

버본의 자연변종으로 커피체리가 노란색을 띠며 생산성은 높지만 해충과 질병에 취약하다. 커피나무 잎이 넓고 짧으며 우수한 품질이 특징이다.

Casiopea

'Caturra'와 'ET41(CATIE의 수집종에 포함된 에티오피아 품종)'의 F1 교배종으로 중남미 아라비카 품종의 유전적 다양성을 확보하고자 'CIRAD(Centre de coopération Internationale en Recherche Agronomique pour le Développement, 프랑스 국제농업개발협력센터)', 'PROMECAFE(El Programa Cooperativo Regional para el Desarrollo Tecnológico y Modernización de la Caficultura, 중미 지역 커피 재배 기술 개발 및 현대화를 위한 협력 프로그램)', 'CATIE' 세 기관이 협력해 만든 품종이다.

Castillo

'Colombia'와 'Caturra'의 F10 교배종으로 1983년에 콜롬비아에서 처음 커피녹병이 발생하기 전에 개발되었다. 콜롬비아 커피 생산자 연합(Federación Nacional de Cafeteros, FNC)이 'Colombia sin Roya(녹병 없는 콜롬비아)' 프로젝트를 통해 개발한 7개의 카스티요(Castillo) 시리즈 중 대표 품종이며, 콜롬비아 국립 커피 연구소(Centro Nacional de Investigaciones de Café, CENICAFE)에 의해 등록되었다. 품종을 개발한 연구원 제이미 카스티요(Jaime Castillo)에서 따온 이름이며 품질이 우수해 2005년 5월에 출시된 후 콜롬비아에서 주로 재배되고 있다.

Castillo El Rosario

'Castillo'와 마찬가지로 콜롬비아 국립 커피 연구소가 기후변화에 대응해 안티오키아(Antioquia) 지역의 커피 특성을 보존하고자 개발한 'Colombia'와 'Caturra'의 F10 교배종이다.

Castillo El Tambo

'Castillo'와 마찬가지로 콜롬비아 국립 커피 연구소가 기후변화에 대응해 카우카(Cauca) 지역의 커피 특성을 보존하고자 개발한 'Colombia'와 'Caturra'의 F10 교배종이다.

Castillo La Trinidad

'Castillo'와 마찬가지로 콜롬비아 국립 커피 연구소가 기후변화에 대응해 톨리마(Tolima) 지역의 커피 특성을 보존하고자 개발한 'Colombia'와 'Caturra'의 F10 교배종이다.

Castillo Naranjal

'Castillo'와 마찬가지로 콜롬비아 국립 커피 연구소가 기후변화에 대응해 칼다스(Caldas) 지역의 커피 특성을 보존하고자 개발한 'Colombia'와 'Caturra'의 F10 교배종이다.

Castillo Paraguaicito

'Castillo'와 마찬가지로 콜롬비아 국립 커피 연구소가 기후변화에 대응해 킨디오(Quindio) 지역의 커피 특성을 보존하고자 개발한 'Colombia'와 'Caturra'의 F10 교배종이다.

Castillo Pueblo Bello

'Castillo'와 마찬가지로 콜롬비아 국립 커피 연구소가 기후변화에 대응해 세사르(Cesar) 지역의 커피 특성을 보존하고자 개발한 'Colombia'와 'Caturra'의 F10 교배종이다.

Castillo Santa Barbara

'Castillo'와 마찬가지로 콜롬비아 국립 커피 연구소가 기후변화에 대응해 쿤디나마르카(Cundinamarca) 지역의 커피 특성을 보존하고자 개발한 'Colombia'와 'Caturra'의 F10 교배종이다.

Catistic

'PROMECAFE'와 엘살바도르 커피 연구소(Instituto Salvadoreño de Investigaciones del Café, ISIC)가 'Caturra'와 'Hibrido de Timor'를 교배해 만든 'Catimor' 계열의 품종이다.

Catigua

1980년대에 브라질 미나스제라이스 농업 연구 회사(Empresa de Pesquisa Agropecuária de Minas Gerais, EPAMIG)에서 개발한 'Catuai IAC 86'와 'Hibrido de Timor UFV 440-10'의 교배종으로 커피녹병과 뿌리병에 내성이 강하고 생산성이 높으며 계열에 따라 브론즈 팁과 그린 팁이 혼합되어 나타난다.

Catimor

포르투갈 커피 연구소(Centro de Investigação das Ferrugens do Cafeeiro, CIFC)는 1959년에 인도네시아 소순다 열도에 속한 티모르 섬(Timor)에서 'Hibrido de Timor'를 수집하고 높은 수확량과 다양한 질병에 내성이 강한 품종을 개발하기 위해 'Caturra'와 'Hibrido de Timor'를 교배해 'Catimor'를 만들었다. 'Catimor'는 1970년대에 브라질에 소개된 후 몇 년 동안 다른 산지로 확산되었지만 낮은 품질로 인해 재배하는 농장이 점점 줄어들었다.

Catimor 129 / Nyika

콜롬비아의 'Catimor' 계열 품종에서 선택된 품종으로 1970년대에 케냐를 통해 아프리카에 전파됐으며 케냐에서는 'Ruiru 11'의 모계 품종 중 하나로 사용되었다. 1990년대에 말라위에도 전파됐으며 개체 선별 작업을 통해 2006년에 공식 배포되었다. 높은 수확량과 질병에 강한 내성을 가지고 있어 말라위 소규모 커피 생산자들을 위한 프로그램에 소개되기도 했다.

Catimor T-5175

코스타리카 커피 연구소(Instituto del Café de Costa Rica, ICAFE)에서 개발한 'Hibrido de Timor'와 'Caturra'의 교배종에서 선택된 품종으로 아직 공식적으로 발표된 적은 없다. 이름의 'T'는 코스타리카의 뚜리알바(Turrialba) 화산을 뜻하며, 온두라스에서는 이 품종을 기반으로 'IHCAFE-90'와 'Lempira'를 개발했다.

Catimor T-5269

코스타리카 커피 연구소에서 개발한 'Hibrido de Timor'와 'Caturra'의 교배종에서 선택된 품종으로 비교적 낮은 고도인 해발 600~900m에서 재배되며 연 강수량이 3,000mm 정도인 환경에서 잘 자란다.

Catimor T-8667

코스타리카 커피 연구소에서 개발한 'Hibrido de Timor'와 'Caturra'의 교배종에서 선택된 품종으로 커피나무의 키가 작고 커피체리의 크기가 크며 커피녹병에 강한 내성을 가지고 있다. 비교적 낮은 고도인 해발 600~900m에서 재배되며 연 강수량이 3,000mm 정도인 환경에서 잘 자란다.

Catrenic

1980년대부터 니카라과(Nicaragua)에서 재배를 시작한 'Catimor' 계열의 품종으로 해발 500m에서 선택된 F6 교배종이다. 열매 형태가 균일하고 커피녹병에 강한 내성을 가지고 있으며 높은 수확량과 우수한 품질 덕분에 2000년에는 니카라과 농업부 종자관리국 품종보호처에 정식 품종으로 등록되었다.

Catuai

1940년대 후반에 브라질 캄피나스 농업연구소에서 개발한 'Mundo Novo'와 'Caturra'의 교배종이다. 과라니 어로 '매우 좋다'는 뜻의 단어에서 유래했으며, 커피나무의 키는 작지만 높은 수확량이 특징이다. 개체 선별 작업을 통해 1972년에 브라질 전역에 소개됐으며 브라질에서 생산되는 커피품종의 50%가량을 차지하고 있다. 1979년에는 온두라스에 전파되어 온두라스 커피 연구소(Instituto Hondureño del Café, IHCAFE)가 두 가지 계열의 품종을 선택, 1983년에 공식 배포했으며 현재 온두라스 커피 생산량의 약 절반에 해당된다. 과테말라에는 1970년에 전파됐으며, 코스타리카에는 1985년에 'Yellow Catuai'가 전파되었다.

Catuai Amarelo / Yellow Catuai

1949년에 브라질 캄피나스 농업연구소에서 개발한 'Mundo Novo'와 'Yellow Caturra'의 교배종으로 이 품종을 기반으로 다양한 품종 개발이 이루어졌다. 커피체리의 크기가 작고 노란색을 띠며 그린 팁의 특징을 가지고 있다.

Catucaí

브라질에서 개발된 'Icatú'와 'Catuai'의 교배종이다. 1988년에 'São José do Vale do Rio Preto' 농장에서 발견된 'Icatú'와 'Catuai'의 자연교배종에서 F1 교배종을 채취해 테스트한 후 F6 교배종에서 선택한 품종이다. 자연재해에 강하고 커피녹병에 강한 내성을 가지고 있다.

Catucaí Amarelo / 2SL

브라질 농축산부(Ministry of Agriculture, Livestock and Food Supply, MAPA)와 'PROCAFE' 산하 실험 농장에서 진행한 테스트를 통해 생산성이 높은 품종으로 선택된 품종이다. 높은 기온에서도 잘 자라며 수확량도 높지만 선충류에 취약하다는 것이 단점이다.

Catucaí Amarelo / 20/15 HP 479

커피나무의 키가 작고 커피체리가 노란색을 띠며 빠른 속도로 성장하는 것이 특징이다. 다른 품종보다 곰팡이에 의한 피해가 적은 편이다.

Catucaí Amarelo / 24/137

커피나무의 키가 작고 커피체리가 노란색을 띠며 중간 정도의 속도로 성장하는 것이 특징이다. 재배 후 일정기간이 지나면 커피녹병에 감염되는 단점이 있다.

Catucaí Amarelo / 6/30

커피나무의 키가 작고 커피체리가 노란색을 띠며 중간 정도의 속도로 성장하는 것이 특징이다.

Catucaí Vermelho / 24/137 HP 476

커피나무의 키가 작고 커피체리가 붉은색을 띠며 중간 정도의 속도로 성장하는 것이 특징이다. 재배 후 일정기간이 지나면 커피녹병에 감염되는 단점이 있다.

Catucaí Vermelho / 785/15

통상적으로 'Catucaí'라고 부르는 품종을 뜻하며 현재 분류를 통해 '785/15'로 구분된다.

Catucaí Vermelho / 36/6 CV 366

일 년 내내 커피나무 잎이 짙은 녹색이라 포르투갈 어로 '곤색의 작은 새'를 뜻하는 '아줄라옹(Azulão)'으로 불리기도 한다. 커피체리가 붉은색을 띠며 브론즈 팁의 특징을 가지고 있다.

Catucaí-açu

2000년에 브라질 커피 재배 기술 지원 프로그램인 'PROCAFE(Programa de Apoio Tecnológico à Cafeicultura)'에 의해 등록된 'Catucaí' 계열의 품종이다. 'Catucaiaçu' 또는 'Catucaí Açu'라고 부르며 현재 브라질 일부 농장에서 재배되고 있다.

Caturra

1937년에 브라질 미나스제라이스의 한 농장에서 처음 발견된 버본의 자연변종으로 'Caturra'라는 인근 마을에서 유래한 이름이다. 'Caturra'는 과라니 어로 '작다'는 뜻이며 포르투갈 어로 '난쟁이'를 뜻하는 단어인 'Nanico'로 불리기도 한다. 커피녹병에 강한 내성과 높은 수확량, 우수한 품질을 가지고 있어 대부분의 중미 지역에서 재배되고 있다.

Caturra Lerdo

코스타리카에서 발견된 'Caturra'의 자연변종으로 품질이 낮아 일부 지역에서만 재배되고 있다.

Cauvery

2007년에 인도 중앙 커피 연구소(Central Coffee Research Institute, CCRI)에서 개발한 'Caturra'와 'Hibrido de Timor'의 F4 교배종이다. 커피녹병에 강한 내성을 가지고 있지만 시간이 지나면서 약해지는 것이 단점이다.

Centroamericano

'CIRAD', 'PROMECAFE', 'CATIE' 세 기관이 협력해 만든 'T5296'과 'Rume Sudan'의 F1 교배종이다. 커피녹병에 강한 내성과 높은 수확량이 특징이다.

Cepac 1

2005년에 볼리비아 농업 진흥 센터(Centro de Promoción Agropecuaria Campesina, CEPAC)에서 개발한 'IPR-98(IAPAR-98)'의 교배 선택종이다. 커피 농부들의 경제적 지원을 위해 개발된 품종으로 비교적 고도가 낮은 지역에서도 재배 가능하며 높은 수확량이 특징이다.

Cepac 2

2005년에 볼리비아 농업 진흥 센터에서 개발한 IPR-59(IAPAR-59)의 교배 선택종이다. 커피 농부들의 경제적 지원을 위해 개발된 품종으로 비교적 고도가 낮은 지역에서도 재배 가능하며 높은 수확량이 특징이다.

Cepac 3

2005년에 볼리비아 농업 진흥 센터에서 개발한 'Catucai'의 교배 선택종이다. 커피 농부들의 경제적 지원을 위해 개발된 품종으로 비교적 고도가 낮은 지역에서도 재배 가능하며 높은 수확량이 특징이다.

Cepac 4

2005년에 볼리비아 농업 진흥 센터에서 개발한 'IPR-98'와 'Icatú'의 교배종이다. 커피 농부들의 경제적 지원을 위해 개발된 품종으로 비교적 고도가 낮은 지역에서도 재배 가능하며 높은 수확량이 특징이다.

Cera

브라질에서 발견된 버본의 자연변종으로 발견 당시에는 생산성이 낮아 재배되지 않았다. 'Cera'는 포르투갈 어로 '왁스 처리된'이라는 뜻이며, DNA 연구 결과 씨앗의 배젖이 열성 유전자의 영향으로 노란색이라는 사실이 밝혀졌다.

Chandragiri

2007년에 인도 중앙 커피 연구소에서 개발한 'Villa Sarchi'와 'Hibrido de Timor'의 F3 교배종이다. 일반 아라비카 품종에 비해 생두의 모양이 길쭉하며 높은 수확량과 커피녹병에 강한 내성이 특징이다.

Chickumalgu

인도에서 발견된 티피카의 자연변종으로 현재는 재배되지 않는다.

Cioccie / Choche

미주농업과학연구소 소속 원예가인 피에르 실뱅이 'FAO Collection(유엔식량농업기구가 에티오피아를 후원해 수집한 야생 에티오피아 품종)'으로 선택하여 1955년에 처음 인도에 소개한 품종이다.

Colombia

1968년에서 1982년까지 콜롬비아 국립 커피 연구소에서 개발한 'Caturra'와 'Hibrido de Timor'의 교배종이다. 병충해에 강한 내성과 높은 수확량이 특징이며 이 품종을 기반으로 F1부터 F10까지 다양한 하위 품종이 개발되었다.

Columnaris

P.J.S Cramer의 농장에서 발견된 품종으로 가뭄에 강한 내성을 가지고 있지만 수확량이 낮다는 단점이 있다.

Coorg

1870년대에 인도에서 재배했던 품종으로 현재는 재배되지 않는다.

Costa-Rica 95

코스타리카 커피 연구소에서 개발한 'Hibrido de Timor 832/1'과 'Caturra'의 교배종이다.

Creole

중남미에서 발견된 티피카의 자연변종이다.

Crilollo / Criolla

페루, 볼리비아, 콜롬비아에서 발견된 티피카의 자연변종으로 일부 산지에서는 아직도 현지인들이 티피카를 'Crilollo'라고 부르기도 한다.

Cuscatleco

브라질 'PROCAFE'에서 선택한 'Sarchimor' 계열의 품종이다.

Elite

일반 아라비카 품종보다 수확량이 2~3배 높은 품종이다.

Erecta

P.J.S Cramer의 농장에서 발견된 품종으로 현재 인도네시아에서 많이 재배되고 있다.

Erecta Caturra

콜롬비아 국립 커피 연구소에서 분류한 'Caturra'의 자연변종이다. 커피나무 잎의 크기가 일반 'Caturra'에 비해 큰 특징이 있다.

Ethiosar

'Rume Sudan'과 'Sarchimor'의 교배종을 'Villa Sarchi'와 교배한 다계교배종이다.

Evaluna / EC18

2010년에 커피 종의 유전적 다양성을 높이기 위해 'CIRAD', 'PROMECAFE', 'CATIE' 세 기관이 협력해 만든 'Naryelis(Catimor Type)'과 'ETO6A2(CATIE의 수집종에 포함된 에티오피아 품종)'의 F1 교배종이다.

French Mission

19세기 말 프랑스 선교사들에 의해 부르봉 섬(현 레위니옹 섬)에서 케냐로 전파된 품종으로 버본과 동일한 품종일 것으로 추정된다.

Fronton

브라질 캄피나스 농업연구소가 발견하고 푸에르토리코 농업연구소(Estacion Experimental Agricola en Adjuntas, EEA)에서 선택한 'Hibrido de Timor'와 'Caturra'의 교배종이다.

Gamé

기니(Guinea)에서 유래한 티피카의 하위 품종으로 주로 습도가 낮은 지역에서 재배되며 커피마름병에 취약한 토착종이다.

Garnica

1960년대에 멕시코 커피 연구소(Instituto Mexicano del Café, INMECAFE)에서 개발한 'Mundo Novo'와 'Yellow Caturra'의 교배종이다.

Garundang

인도네시아 수마트라에서 발견된 티피카의 자연변종으로 'Bergendal' 또는 'Bergundal'로 불린다.

Geisha

99p Gesha 참고.

Goiaba

버본의 자연변종 중 하나로 현재는 재배되지 않는다.

Grauna

브라질의 실험 농장인 'Campo de leneages de Acauã'에서 테스트한 품종으로 커피체리의 크기가 작고 검붉은색을 띠며 브론즈 팁과 그린 팁이 혼합되어 나타난다.

Guadeloupe Bonifier

카리브해 동부에 위치한 프랑스의 해외 영토이자 중남미에서 가장 오래된 커피산지 중 하나인 과들루프 섬에서 재배되는 품종으로 1721년에 처음 소개된 후 자메이카로 건너가 'Blue Mountain'으로 발전했다.

Guara

브라질 미나스제라이스에서 테스트를 통해 선택한 품종으로 커피나무의 키가 작고 커피체리가 붉은색을 띠며 그린 팁의 특징과 커피녹병에 중간 정도의 내성을 가지고 있다. 건조하고 따뜻한 기후에서 잘 자라는 품종이다.

Guatemala

하와이 코나 지역에서 재배되는 티피카 계열의 품종이다. 1892년에 독일 출신의 설탕 사업가인 헤르만 와이드만(Hermann A. Widemann)이 과테말라에서 하와이로 처음 이 품종을 들여왔으며 'Kona Typica'라고 부르기도 한다. 1990년대에 코나에서 유행한 '뿌리매듭선충'으로 큰 피해를 입은 후 2001년부터는 'C. Liberica'의 뿌리에 접목하는 방식으로 재배되고 있다.

H3

커피 종의 유전적 다양성을 위해 'CIRAD', 'PROMECAFE', 'CATIE' 세 기관이 협력해 만든 'Caturra'와 'E531(CATIE의 수집종에 포함된 에티오피아 품종)'의 F1 교배종이다. 커피녹병에 내성이 약해 2000년 이후로는 개체 선별 작업 및 연구 개발 활동이 이루어지지 않았지만 품질이 우수해 프로젝트 초기에 참여했던 일부 생산자들이 지속적으로 재배하고 있다.

Hibrido de Timor

1920년대에 인도네시아 소순다 열도의 티모르 섬에서 발견된 'C. Arabica'와 'C. Canephora'의 자연교배종이다. 커피녹병에 강한 내성을 가지고 있어 교배종 연구에 활용되며 특히 'Catimor'와 'Sarchimor'를 만들 때 모계 품종으로 사용된다. 포르투갈 커피 연구소에서 진행한 커피녹병 내성에 관한 연구에 따르면 50여 종의 다양한 녹병균으로부터 고른 내성을 가진 품종으로 '832/1', '832/2', '1343/239'가 꼽힌다.

IAPAR(IPR) Series

브라질 남부에 위치한 파라나 농학연구소(Instituto Agromômico do Paraná, IAPAR)에서 1980년대부터 식물 생산성 향상 및 질병에 대한 내성을 강화하고자 개발된 품종이다. IAPAR은 커피를 비롯해 감자, 콩, 옥수수, 밀 등의 개발에 관한 연구가 폭넓게 이루어지고 있으며 오늘날 브라질 곡물, 과일 재배에 많은 영향을 주고 있다.

IAPAR 59

1993년에 브라질 파라나 농학연구소에서 발표한 'Hibrido de Timor 832/2'와 'Villa Sarchi'의 교배종이다.

IAPAR 98

브라질 파라나 농학연구소에서 발표한 'Hibrido de Timor CIFC 832/2' 와 'Villa Sarchi CIFC 971/10'의 교배종이다. 전 세계에 존재하는 45개 이상의 다양한 녹병균에 완전한 내성을 가진 품종으로 알려졌으며 환경적응력이 뛰어나고 수확량도 높다.

IAPAR 99

브라질 파라나 농학연구소에서 발표한 'Hibrido de Timor CIFC 832/2' 와 'Villa Sarchi CIFC 971/10'의 교배종에서 파생된 품종으로 2005년에 출시되었다. 진드기에 강한 내성을 가지고 있으며 다양한 환경에 잘 적응하고 우수한 품질과 높은 수확량이 특징이다.

IAPAR 100

브라질 파라나 농학연구소에서 발표한 'Catuai'와 'BA-10'의 F1 교배종을 'Catuai'와 역교배한 품종이다. 다양한 세대의 품종을 테스트해 질병에 대한 내성을 강화한 후 2012년에 출시되었다.

IAPAR 101

브라질 파라나 농학연구소에서 발표한 'Yellow Catuai'와 'Catuai'의 교배종이다.

IAPAR 102

브라질 파라나 농학연구소에서 발표한 'Catuai'와 'Icatú'의 교배종으로 'IAPAR 77055'의 F3 교배종과 F4 교배종에서 선택된 수확량이 높고 질병에 내성이 강한 품종이다. 'Catuai'와 'IAPAR 59'에 비해 높은 수확량이 특징이다.

IAPAR 103

브라질 파라나 농학연구소에서 발표한 'Catuai'와 'Icatú'의 교배종이다. 두 품종의 F3 교배종과 F4 교배종에서 선택된 F5 교배종에서 다시 'PR LF 77054-40-10'를 선택해 2006년에 출시되었다. 더운 기후와 척박한 토양에서도 잘 자라며 일부 커피녹병에 대한 내성을 가지고 있다. 커피나무의 키가 작은 왜소종이라 수확도 용이한 편이다.

IAPAR 104

브라질 파라나 농학연구소에서 발표한 'Villa Sarchi CIFC 971/10'과 'Hibrido de Timor CIFC 832/2'의 교배종에서 파생된 'Sarchimor' 계열의 품종이다.

IAPAR 105

브라질 파라나 농학연구소에서 발표한 'Yellow Catuai'와 'Catuai'의 교배종이다.

IAPAR 106

브라질 파라나 농학연구소에서 선택한 'Icatú IAC 925'와 아직 밝혀지지 않은 'Yellow' 계열 품종의 자연교배종이다. 커피체리의 크기가 크며 질병에 강한 내성과 높은 수확량, 우수한 품질이 특징이다.

IAPAR 107

브라질 파라나 농학연구소에서 발표한 'IAPAR 59'와 'Mundo Novo IAC 376-4'의 교배종이다. 커피녹병에 매우 강한 내성을 가지고 있으며 높은 수확량이 특징이다. 2010년에 출시되었다.

IAPAR 108

브라질 파라나 농학연구소에서 발표한 'IAPAR 59'와 'Icatú', 'Catuai'의 교배종이다.

Ibairi

브라질에서 개발된 'Red Bourbon'과 'Mokka'의 교배종이다. 'Ibairi'는 브라질 원주민어로 '작고 달콤한 과일'이라는 뜻이다. 커피체리가 매우 작고 둥글며 과육이 달콤한 것이 특징이다.

ICAFE95

코스타리카에서 발견된 'Catimor'의 하위 품종으로 1995년부터 재배되었다.

Icatú

1985년에 브라질에서 개발된 'C. Canephora'와 'Yellow Bourbon'의 F1 교배종을 'Mundo Novo'와 역교배한 품종이다. 1992년에 공식 출시됐으며 1999년에 브라질 국가품종목록에 새로운 품종으로 등록되었다. 커피녹병에 내성이 강하고 수확량이 높아 교배종의 품질 향상을 위한 연구에 많이 활용됐으며 그 결과 다양한 하위 품종이 개발되었다. 그린 팁과 브론즈 팁 등 다양한 특징을 보이는 품종이다.

Icatú Amarelo

브라질 캄피나스 농업연구소에서 'C. Canephora'와 'Yellow Bourbon'의 자연교배종을 발전시켜 만든 교배종이다. 몇 세대에 걸친 개체 선별 작업을 통해 1992년에 출시됐으며 원래 커피녹병에 강한 내성을 가지고 있었지만 가뭄으로 인해 약화된 것으로 알려졌다. 소규모 재배를 권장하는 품종이다.

IHCAFE 90(IH-90)

1990년대에 온두라스 커피 연구소에서 개발한 'Caturra'와 'Hibrido de Timor'의 교배종이다.

Jackson

버본의 하위 품종으로 1920년대에 인도의 '잭슨(Jackson)'이라는 농부가 커피녹병에 강한 품종을 찾다가 아프리카에서 가져온 씨앗을 심으면서 재배가 시작된 품종이다.

Jamaique

카메룬에서 재배되는 티피카 계열의 자연변종으로 현재는 거의 재배되지 않는다.

Jantung

인도네시아 수마트라에서 발견된 티피카 품종으로 'Jantung'은 인도네시아 어로 '하트'를 뜻하며 생두의 모양이 하트 같다고 해서 붙여진 이름이다. 네덜란드인들이 아체 지역의 타와르(Tawar) 호수 옆에 농장을 만들어 처음 티피카 재배를 시작했고 이후 인도네시아에서는 티피카를 'Jantung'과 동일한 품종으로 인식하고 있다. 지금도 아체 지역에서 많이 재배되는 품종이다.

Japi

브라질에서 선택된 'Catucaí' 계열의 품종으로 커피체리의 크기가 작고 붉은색을 띠며 그린 팁의 특징을 가지고 있다. 커피녹병과 박테리아에 강한 내성을 가진 품종으로 연구되었다.

Java

P.J.S Cramer가 1928년에 에티오피아에서 인도네시아 자바로 들여온 품종이다. 20세기 중반에 카메룬으로 전해져 20여 년간 개체 선별 작업을 진행한 후 1980년대에 공개되었다. 처음에는 티피카의 선택종으로 분류됐지만 최근 유전자 연구를 통해 에티오피아 'Abyssinia'의 선택종으로 분류됐으며 1991년에 코스타리카에 소개되어 'PROME-CAFE'를 통해 중미 지역에 전파된 것으로 추정된다. 2016년에는 파나마에 'Geisha'의 대체 품종으로 소개되기도 했다. 커피열매병에 강한 내성을 가지고 있으며 고도가 높은 지역에서 우수한 품질의 커피를 생산하는 것으로 알려졌다.

Javanica

니카라과에서 재배되는 'Java' 계열의 품종이다. 니카라과의 미에리쉬 가(Mierisch Family)는 우연한 계기로 브라질 커피 유통 회사인 UNICAFE에서 'Java' 품종의 씨앗을 20파운드가량 구입한 후 농학자인 패트리샤 콘트레라스(Patricia Contreras)의 도움으로 재배를 시작했다. 다양한 고도에서 여러 차례 재배를 시도한 끝에 우수한 품질의 커피를 생산하는 데 성공했으며 'Javanica'라고 이름 붙였다.

Jember / S795

1940년대에 인도와 인도네시아에 소개된 품종으로 티피카와 'Kent'의 교배종을 야생 'C. Liberica'와 교배한 품종이다. 인도네시아 젬버(Jember) 지방에 위치한 커피 카카오 연구소가 처음 소개하면서 붙여진 이름이다.

K20

케냐 키암부(Kiambu)의 켄트미어 농장(Kentmere Plantation)에서 'French Mission'을 육종해 만든 품종이다. 품질 향상을 목적으로 개발됐지만 커피열매병에 취약하다는 단점이 있다.

K7

1936년에 식물학자 'Mr. R. H. Walker'가 케냐 무호로니(Muhoroni) 지역의 레제텟 농장(Legetet Plantation)에서 재배된 두 그루의 'French Mission' 계열 커피나무 중 하나에서 채취한 품종이다. 처음 선택된 1세대 K7은 커피녹병에 내성이 매우 강했고 2~3세대에서는 모든 질병에 강한 내성을 가졌으며, 5세대에 걸친 개체 선별 작업을 통해 1936년에 공개되었다. 'Ruiru 11' 계열의 품종보다 품질이 우수하며 브론즈 팁의 특징을 가지고 있다.

Kartika

인도네시아 수마트라에서 발견된 'Catimor' 계열의 자연교배종이다.

Kawisari

19세기에 인도네시아에서 두 번째로 커피녹병(Great Orange Leaf Rust, 녹병균이 오렌지색을 띤다고 해서 붙여진 이름)이 발생한 후 개발된 'C. Arabica'과 'C. Liberica'의 이종교배종이다.

Kent

1911년에 케냐 또는 인도에서 발견됐을 것으로 추정되는 티피카의 자연변종이다. 1920년부터 인도 전역에서 재배되기 시작했으며 1934년에 케냐의 메루(Meru) 지역에서도 재배를 시작했다. 일부 커피녹병에 강한 내성을 가지고 있으며 높은 수확량이 특징이다.

Kenya Selected(K.S)

'French Mission'은 1920년대에 'Kenya Selected'라고 불리던 버본 계열의 품종을 발전시켜 선택한 품종이다. 당시 'Kenya Selected'는 정부의 커피 생산관리를 위해 Series A와 Series B로 세분화되었다.

Kenya Selected Series A

'Kenya Selected' 중 기후변화에 적응력이 뛰어난 품종.

Kenya Selected Series B

'Kenya Selected' 중 가뭄에 적응력이 뛰어난 품종.

Kibale

우간다에서 재배되는 품종이다.

Kona

1899년에 일본인 쿠니고로 요코야마(Kunigoro Yokoyama)에 의해 과테말라에서 하와이로 전해져 재배되기 시작한 티피카 품종이다.

KP423

1940년대에 인도의 'Kent' 계열 품종으로 선택된 품종이다.

Laurina / Bourbon Pointu

1900년대 초에 P.J.S Cramer의 농장에서 발견된 품종으로 'C. Arabica'와 'C. Mauritiana'의 자연교배종으로 추정된다. 버본의 하위 품종으로 카페인 함량이 약 0.6%로 매우 낮고 열성 유전자의 영향으로 수확량도 낮은 편이다. 커피나무는 원뿔 형태로 자라고 가지의 마디는 좁으며 잎이 작고 가뭄과 추위에 강한 것이 특징이다.

Lempira

온두라스 커피 연구소와 'PROMECAFE'가 'Caturra'와 'Hibrido de Timor 832/1'의 교배종에서 선택한 품종이다. 'Lempira'라는 이름은 온두라스 서부의 커피산지인 렘피라(Lempira)에서 따왔다.

Limani

푸에르토리코 농업 연구소에서 개발한 'Hibrido de Timor 832/2'와 'Villa Sarchi'의 교배종이다. 커피녹병에 내성이 강하고 수확량이 높아 1994년에 푸에르토리코 커피 생산자들에게 배포되었다.

Longberry

인도네시아에서 주로 발견되는 품종으로 'Longberry Harrar'와 유사하며 에티오피아에서 유래한 것으로 추정된다.

Machacamarca

볼리비아 마차카마르카(Machacamarca) 지역에 자생하는 티피카의 자연변종이다.

Maracatura

19세기에 브라질에서 발견된 'Maragogype'와 'Caturra'의 자연교배종이다. 커피체리의 크기와 나뭇잎이 큰 것이 특징이다.

Maragogype / Maragogipe

브라질 바이아(Bahia) 주 마라고지페(Maragogype) 지역에서 발견된 티피카의 자연변종으로 커피나무의 키와 나뭇잎, 열매와 씨앗 모두 일반 품종에 비해 2배 정도 크다. 뛰어난 향미를 가지고 있지만 품질이 일정하지 않은 것이 단점이다.

Marsellesa

'CIRAD'와 해외 35개국 이상의 커피산지에 지사를 둔 세계적인 커피공급사 'ECOM (ECOM Agroindustrial Corp. Lt)'이 개발한 'Hibrido de Timor'와 'Villa Sarchi'의 교배종이다. 커피녹병에 내성이 강하고 열악한 기후 조건에서도 재배가 용이하며 우수한 품질과 높은 수확량이 특징이다. 해발 1,300m에서 재배했을 때 품질이 좋은 것으로 알려졌다.

Mayaguez

푸에르토리코에서 미국 농무부에 의해 선택된 버본의 하위 품종이다. 1930년대에 콩고 민주공화국에 처음 소개되었으며 1950년대에는 르완다에도 소개되었다. 르완다와 브룬디에서 재배되는 대표 품종으로 'Bourbon Mayaguez'라고 부르기도 한다.

Menosperma

P.J.S Cramer의 농장에서 발견된 품종으로 커피나무의 가지가 아래로 처지고 잎이 좁은 것이 특징이며 열매의 씨앗이 대부분 하나씩 들어있다.

Mibirizi

버본의 하위 품종으로 알려졌지만 최근 유전자 연구를 통해 티피카의 하위 품종으로 분류되었다. 1910년에 과테말라를 통해 르완다에 처음 소개됐으며 1920년대부터 르완다 서부 지역에서 재배되고 있다.

Milenio

커피 종의 유전적 다양성을 높이기 위해 'CIRAD', 'PROMECAFE', 'CATIE' 세 기관이 협력해 만든 'T5296'과 'Rume Sudan'의 F1 교배종이다.

Mokka / Moka / Mocca

부르봉 섬(현 레위니옹 섬)에서 발견된 버본의 자연변종이다. 브라질과 하와이를 중심으로 재배되다가 현재는 전 세계로 전파되었다. 재배 환경에 따라 차이는 있지만 커피나무의 키와 커피체리의 크기가 대체로 작고 카페인 함량이 낮은 것이 특징이다.

Mundo Maya / H16

커피 종의 유전적 다양성을 높이기 위해 'CIRAD'와 'ECOM'이 개발한 'T5296'과 'ET01(-CATIE의 수집종에 포함된 에티오피아 품종)'의 F1 교배종이다.

Mundo Novo

1940년대에 브라질 캄피나스 농업연구소가 발견한 티피카와 버본의 자연교배종이다. 질병에 내성이 강하고 수확량도 높지만 일반 품종에 비해 성장이 느리다는 단점이 있다. 해발 1,050~1,670m의 연 강수량이 1,200~1,800mm인 환경에서 잘 자라며 우수한 품질이 특징이다.

Mundo Mex

커피 종의 유전적 다양성을 높이기 위해 'CIRAD'와 'ECOM'이 개발한 'Catimor T17931'과 'ET26A1(CATIE의 수집종에 포함된 에티오피아 품종)'의 교배종이다.

Murta / Mirta

P.J.S Cramer의 농장에서 발견된 품종으로 커피체리의 크기가 작고 추위에 강한 것이 특징이다.

N39

탄자니아에서 발견된 버본의 하위 품종으로 탄자니아 커피 연구소에서 선택한 품종이다. 질병에 내성이 약하고 다른 품종에 비해 성장속도가 느리며 수확량도 낮은 편이다. 최근 탄자니아 커피 연구소에서는 품질이 좋지만 질병에 내성이 약한 'N39'를 개선하기 위해 다양한 품종과 교배를 시도하며 품종 개량에 힘쓰고 있다.

Nana

중앙아프리카공화국에서 발견된 품종으로 질병과 해충에 약하고 수확량이 낮아 실제 재배는 거의 이루어지지 않고 있다.

Naomi

브라질의 다테하 농장과 이탈리아 커피 브랜드 일리의 파트너쉽 연구를 통해 개발된 'C. Arabica'와 'C. Canephora'의 이종교배종이다. 조직 배양에 의한 변이(Somaclonal Variation)를 통해 만들어졌으며 1995년에 처음 농장에 옮겨 심은 후 2020년을 기준으로 F4 교배종과 F5 교배종 재배가 한창 진행 중이다.

Nayarita

커피 종의 유전적 다양성을 높이기 위해 'CIRAD'와 'ECOM'이 개발한 'Catimor T17931'과 'ET26(CATIE의 수집종에 포함된 에티오피아 품종)'의 F1 교배종이다.

Nyasaland

1878년에 자메이카에서 말라위로 전달된 티피카의 하위 품종으로 1910년에 우간다에 소개되어 지금도 재배되고 있다. 외부에서 아프리카로 유입된 아라비카 품종 중 가장 오래된 품종이다.

Obata IAC 1669-20

브라질 캄피나스 농업연구소에서 개발한 'Hibrido de Timor 832/2'와 'Villa Sarchi CIFC 971/10'의 교배종이다. 두 품종의 F1 교배종에서 선택된 'H 361/4'를 번식해 얻은 F2 교배종을 'Yellow Catuai'와 자연교배해 만들었으며 1999년에 브라질 국가품종목록에 등록된 후 2000년에 브라질 캄피나스 농업연구소에 의해 출시되었다. 2014년에는 코스타리카 커피 연구소에 의해 코스타리카에 소개되기도 했다. 커피녹병에 내성이 강하며 높은 수확량과 우수한 품질, 그린 팁의 특징을 가지고 있다.

Obata IAC 4739

브라질 캄피나스 농업연구소에서 개발한 'Obata IAC 1669-20'와 'Yellow Catuai IAC 62'의 교배종이다. 2012년에 브라질 국가품종목록에 등록된 후 2014년에 브라질 캄피나스 농업연구소에 의해 출시되었다. 커피녹병에 내성이 강하고 커피체리가 노란색을 띠며 높은 수확량이 특징이다.

Oeiras MG 6851

브라질 비소사 연방 대학교에서 개발한 'Red Caturra(CIFC 19/1)'와 'Hibrido de Timor(CIFC 832/1)'의 교배종이다. F4 교배종에서 'UFV 2983'이 선택되고 F5 교배종에서 'UFV 1340'이 선택된 후 마지막 F6 교배종에서 'UFV 6851'이 선택되어 'Oeiras MG 6851'이라는 이름으로 출시되었다. 커피녹병에 내성이 강하며 브론즈 팁의 특징을 가지고 있으며 수확량은 'Yellow Catuai'와 비슷한 것으로 알려졌다.

Old Chiks

1800년대에 인도에서 재배했던 티피카 계열의 품종으로 현재는 재배되지 않는다.

Oro Azteca / Aztec Gold

멕시코에서 개발된 'Hibrido de Timor'와 'Caturra'의 교배종이다. 멕시코 임농업 연구소(Instituto Nacional de Investigaciones Forestales, Agricolas y Pecuarias, INIFAP)가 15년간의 연구와 개체 선별 작업을 통해 개발한 품종이다. 커피녹병에 내성이 강하고 품질이 우수하며 해발 600~1,300m의 연 평균기온이 18~24℃인 환경에서 잘 자라는 것으로 알려졌다.

Ouro Verde

2000년에 브라질에서 개발된 'Mundo Novo'와 'Red Catuai'의 교배종이다.

Pacaiá

과테말라에서 발견된 품종으로 현재는 재배되지 않는다.

Pacamara

1958년에 엘살바도르 커피 연구소에서 출시한 'Pacas'와 'Maragogype'의 교배종이다. 커피체리의 크기가 매우 크고 고도가 높은 지역에서 우수한 품질의 커피를 생산하는 것으로 알려졌다.

Pacas

1949년에 엘살바도르의 '페르난도 알베르토 파카스 피게로아(Fernando Alberto Pacas Figueroa)'라는 농부에 의해 발견된 버본의 자연변종이다. 1956년에 미국 플로리다 주립 대학교(Florida State University)의 연구를 통해 기존 버본과 다른 특징이 발견되면서 정식 품종으로 등록되었다. 처음 이 품종을 발견한 농부의 이름을 따 명명했으며 유전자 변이로 커피나무의 키가 줄어들면서 단위 면적당 생산성이 높아졌다.

Pache

1949년에 과테말라 산타 로사(Santa Rosa) 지역의 엘 브리토(El Brito) 농장에서 발견된 티피카의 자연변종이다. 커피나무의 그루당 수확량은 낮지만 키가 작아 고밀도 경작이 가능하다는 장점이 있다. 'Pache'는 총 세 가지 품종으로 세분화되는데 큰 의미는 없고 분류 기준도 다소 모호하다.

Pache Colis

과테말라 산타 로사(Santa Rosa) 지역의 엘 브리토(El Brito) 농장에서 재배되는 'Caturra'와 'Pache'의 자연교배종이다.

Pache Comum

일반적으로 'Pache' 품종을 뜻한다.

Pache Enano

'Enano'는 스페인 어로 '작다'는 뜻이며 커피나무의 키가 작은 'Pache' 품종을 뜻한다.

Pakal

커피 종의 유전적 다양성을 높이기 위해 'CIRAD'와 'ECOM'에서 개발한 'Catuai'와 'ET59A2(CATIE의 수집종에 포함된 에티오피아 품종)'의 교배종이다.

Palma

브라질 농축산부와 'PROCAFE'에서 개발한 'Catimor UFV 353'와 'Catuai IAC 81'의 교배종이다.

Parainema

온두라스 커피 연구소에서 'Hibrido de Timor'와 'Villa Sarchi'의 교배종에서 선택한 'Sarchimor' 계열의 품종이다. 커피녹병과 커피열매병에 내성이 강하고 품질이 우수해 많은 농장에서 재배되고 있다.

Paraiso MG H419

브라질 비소사 연방 대학교에서 개발한 'Yellow Catuai IAC 30'와 'Hibrido de Timor UFV 445/46'의 교배종이다. 브라질 파라이소(São Sebastião do Paraiso) 지방의 한 실험 농장에서 커피녹병에 내성이 강한 품종으로 선택되었다.

PAU Brasil MG1

브라질 비소사 연방 대학교에서 개발한 'Red Catuai IAC 141'과 'Hibrido de Timor UFV 442/34'의 교배종이다. 두 품종의 F1 교배종에서 'H518'이 선택되고 F5 교배종에서 농장 테스트를 통해 'PAU-Brasil MG1'이 채택되어 출시되었다. 커피나무의 키가 작아 고밀도 경작이 가능하며 커피녹병에 강한 내성을 가지고 있다.

Pluma Hidalgo

멕시코 플루마(Pluma) 지역에 처음 소개된 티피카의 하위 품종으로 1800년대 후반부터 멕시코 전역에 보급되었다.

Pop3303/21

르완다 농업위원회(Rwanda Agriculture Board, RAB)에서 선택한 'Blue Mountain' 계열의 품종으로 1894년에 말라위를 통해 르완다에 처음 소개되었다. 'Population'이라는 단어에서 유래한 이름이며 2003년부터 보급되었다. 커피나무의 키가 크고 수확량이 높은 것이 특징이다.

Purpurascens

P.J.S Cramer의 농장에서 발견된 품종으로 커피나무 잎이 자주색 또는 보라색을 띠는 것이 특징이다. 일반 아라비카 품종에 비해 수확량이 낮은 편이다.

RAB C15

인도 중앙 커피 연구소에서 개발한 'Kent'와 'S.274('C. Canephora'의 클론 품종)'의 교배종을 'Kent'와 역교배한 품종이다. 2015년에 르완다에 소개되어 르완다 농업위원회에 의해 출시되었다.

Rasuna

인도네시아에서 발견된 'Catimor'와 티피카의 자연교배종이다. 커피나무의 키가 작고 해발 1,100~1,300m에서 우수한 품질의 커피를 생산하는 것으로 알려졌다.

Rubi

1960년대에 브라질 캄피나스 농업연구소에서 개발한 'Mundo Novo'와 'Catuai'의 교배종이다. 커피나무의 키가 작고 커피체리가 붉은색을 띠며 해발 100m 이상에서 잘 자란다. 브론즈 팁의 특징을 가지고 있지만 드물게 그린 팁의 특징이 관찰되며 수확량이 높고 질병에 강한 내성을 가지고 있다. 주로 브라질에서 재배되는 품종이다.

Ruiru 11(R11)

1985년에 케냐 루이루(Ruiru)에 위치한 커피 연구소(Coffee Research Institute, CRI)에서 'Rume Sudan', 'Hibrido de Timor', 'K7', 'N39', 'SL28', 'SL34', 'French Mission'을 교배한 후 'Catimor' 중 세 가지 최적의 품종을 선택해 교배한 F1 교배종이다. 1968년에 케냐에서 발생한 커피열매병으로 커피 생산량이 절반 가까이 감소하면서 개발되기 시작했고, 커피녹병과 커피열매병에 강한 내성과 높은 수확량 덕분에 꾸준히 재배되고 있다.

Rume Sudan

1940년대에 남수단공화국의 보마 고원에서 발견된 품종으로 커피열매병에 강한 내성을 가지고 있어 연구용으로 전 세계에 소개되었다.

S.26

19세기 후반에 아시아 지역에 커피녹병이 유행한 후 인도의 두블라(Doobla) 지방에서 개발된 'C. Arabica'과 'C. Liberica'의 이종교배종이다.

Sabia 398

브라질 농축산부와 'PROCAFE'에서 선택한 후 브라질 커피 연구소에서 개발한 'Catimor'와 'Acaiá'의 교배종이다. 브라질의 다양한 지역에서 진행된 테스트를 통해 높은 기온에서도 적응력이 뛰어난 품종으로 밝혀졌으며 2002년에 출시되었다.

Sacramento MG 1

브라질 비소사 연방 대학교에서 개발한 'Red Catuai IAC 81'과 'Hibrido de Timor UFV 438/52'의 교배종이다. F1 교배종에서 'H505'이 선택된 후 브라질 파트로시니우(Patrocinio)에 위치한 에파믹(Epamig) 실험 농장에서 선택한 F4 교배종이 'Sacramento MG 1'라는 이름으로 출시되었다. 커피녹병에 내성이 강하고 그린 팁과 브론즈 팁이 혼합되어 나타나는 것이 특징이다.

Sagada

1890년대에 필리핀 북부에 위치한 코디렐라(Cordilera) 고원의 사가다(Sagada) 지역에서 재배되었던 품종이다.

San Francisco

엘살바도르에서 개발된 버본과 'Pacas'의 교배종이다. 현지에서는 'Hibrido de San Farancisco'라고 부르기도 한다.

San Ramón

브라질에서 발견된 티피카의 자연변종으로 수확량은 낮지만 커피나무의 키가 작아 단위 면적당 생산성이 높으며, 바람과 가뭄에 강하고 질병에 강한 내성을 가지고 있다.

San Roque

2004년에 코스타리카에 설립된 스타벅스 농민지원센터(Starbucks Farmer Support Center)의 주도 하에 선택된 티피카 계열의 품종으로 재배고도의 영향을 받지 않으며 높은 수확량이 특징이다.

São Bernado

브라질에서 발견된 티피카의 자연변종으로 커피나무의 키와 커피체리의 크기가 작고 수확량이 낮은 것이 특징이다.

Sarchimor

'Hibrido de Timor'와 'Villa Sarchi'의 교배종으로 특정 품종을 지칭하기도 하지만 품종의 계열을 의미하기도 한다. 커피녹병과 커피열매병에 내성이 강하며 낮은 고도에서도 잘 자란다. 수확량이 높고 품질도 우수해 관련 연구가 많이 이루어지고 있다.

Selection Series

1925년부터 1940년까지 인도 중앙 커피 연구소에서는 질병에 내성이 강한 품종을 조사하여 'Selection(Sln.)'에 번호를 붙이고 리스트를 만들었는데, 이때 선택된 품종을 일컬어 'Selection Series'라고 부른다. 최근에는 전염병뿐만 아니라 가뭄에 강한 품종과 카페인 함량이 낮은 품종을 선별하는 작업도 이루어지고 있다.

Selection 1(Sln.1) / S.288

인도 두블라 지방에서 발견된 'C. Arabica'와 'C. Liberica'의 자연교배종인 'S.26'에서 선택된 품종으로 1936년에 인도 중앙 커피 연구소에 의해 출시되었다. 커피녹병에 내성이 강하며 커피체리의 모양이 넓고 둥근 것이 특징이다. 다홍색 열매가 마치 원반처럼 생겼다고 해서 '황금 방울(Golden Drops)'로 불리기도 한다.

Selection 2(Sln.2) / S.333

인도 중앙 커피 연구소에서 선택한 'S.31'과 'S.22'의 교배종으로 커피녹병에 강한 내성을 가지고 있어 재배를 권장했으나 세대를 거듭할수록 기형이 증가해 현재는 종자 배분이 중단된 상태다.

Selection 3(Sln.3) / S.795

'Sln.1' 열매의 기형 확률을 최소화하기 위해 인도에서 개발된 'Sln.1'과 'Kent'의 교배종으로 1945년에 출시되어 현재까지 널리 재배되고 있다. 커피나무가 튼튼하고 수확량이 높으며 브론즈 팁의 특징을 가지고 있다.

Selection 4(Sln.4)

1960년대에 인도 중앙 커피 연구소에서 개발한 세 가지 에티오피아 품종('Agaro', 'Tafari Kela', 'Cioccie')의 복합 선택종이다. 에티오피아 토착종과 유사하며 커피나무의 모양과 커피체리의 색깔, 팁의 색상 등이 다양한 특징을 가진다.

Selection 5(Sln.5)

1960년대에 인도 중앙 커피 연구소에서 개발한 교배종으로 A와 B 두 가지로 구분된다.

Sln.5A

인도 쿠르그의 사유지에서 수집된 'C. Arabica'와 'C. Robusta'의 자연교배종 'Devamachy'와, 'Rume Sudan'의 야생 아라비카 수집종인 'S.881'의 교배종이다. 커피녹병에 강한 내성과 그린 팁의 특징을 가지고 있으며 커피체리의 크기가 다양하고 커피나무의 낙엽이 거의 생기지 않는다는 것이 특징이다.

Sln.5B

'Deyamachy'와 'Sln.2'의 교배종으로 브론즈 팁의 특징을 가지고 있으며 커피체리의 모양이 둥글고 생두가 푸르스름한 회색을 띠는 것이 특징이다.

Selection 6(Sln.6) / S.2828

1970년대에 인도 중앙 커피 연구소에서 개발한 'Kent'와 'S.274('C. Canephora'의 클론 품종)'의 이종교배종이다. 커피나무는 키가 크고 잎이 넓고 두꺼우며 열매 형태가 균일하다. 브론즈 팁의 특징을 가지고 있으며 커피체리의 성숙기간이 비교적 긴 편이다. 질병에 내성이 강하고 생산량이 일정해 인기가 높은 품종이다.

Selection 7(Sln.7)

1960년대에 인도 중앙 커피 연구소에서 개발한 다교배종이다. 왜소종인 'San Ramon'과 커피체리의 크기가 큰 'Agaro', 'Sln.795', 'Hibrido de Timor'를 교배해 만든 품종으로 커피녹병에 내성이 강하고 수확량이 높으며 가뭄에도 강한 내성을 가지고 있다.

Selection 8(Sln.8)

1960년대에 인도 중앙 커피 연구소에서 선택한 순수 'Hibrido de Timor' 계통의 품종으로 'C. Arabica'의 특징을 가지고 있으며 커피녹병에 강한 내성과 적당한 수확량이 특징이다.

Selection 9(Sln.9) / S.2790

1960년대에 인도 중앙 커피 연구소에서 개발한 다교배종이다. 품종의 생산성과 품질 향상을 위해 'Hibrido de Timor', 'Tafari-Kela', 'Sln.3', 'Geisha', 'S.12', 'Kaffa'와 버본을 교배해 만들었으며 커피체리가 검붉은색을 띠고 브론즈 팁의 특징을 가지고 있다. 커피녹병뿐만 아니라 가뭄에도 강한 내성을 가지고 있어 다양한 환경에서 재배가 가능하다.

Selection 10(Sln.10)

1960년대에 인도 중앙 커피 연구소에서 개발한 'Caturra'와 'Cioccie'의 교배종과 'Caturra'와 'Sln.3'의 교배종을 다교배한 품종이다. 커피녹병에 어느 정도의 내성을 가지고 있지만 파급력이 강한 녹병균에는 취약하다는 단점이 있다.

Selection 11(Sln.11)

인도 중앙 커피 연구소에서 선택한 'C. Arabica'와 'C. Eugenioides'의 자연에서 만들어진 이종교배종이다. 덥고 습한 기후에 어느 정도 적응력을 가지며 커피녹병과 가뭄에 중간 정도의 내성을 가지고 있다.

Selection 12(Sln.12) / Cauvery

1985년에 인도 중앙 커피 연구소에서 출시한 'Caturra'와 'Hibrido de Timor'의 교배종이다. 커피나무 가지의 마디가 좁아 고밀도 경작이 가능하며 그린 팁의 특징을 가지고 있다. 커피녹병에 강한 내성을 가지고 있지만 몇 년 동안 새로운 녹병균의 출현으로 내성이 약화됐다. 낮은 고도에서 질병과 해충에 취약하다는 단점이 있다.

Selection 13(Sln.13) / Chandragiri

2007년에 인도 중앙 커피 연구소에서 출시한 'Villa Sarchi'와 'Hibrido de Timor'의 교배종으로 커피나무는 왜소종의 특징을 보이며 잎이 두껍고 짙은 녹색을 띤다. 생두의 모양이 길고 푸른 녹색을 띠며 커피녹병에 강한 내성을 가지고 있다.

Semper Florens

1934년에 브라질에서 발견된 버본의 자연변종으로 커피나무의 꽃이 일 년에 여러 번 개화하여 연중 수확이 가능한 품종이다.

SH3

브라질 캄피나스 농업연구소에서 개발한 'Catuai'와 'BA10' 계열 품종의 교배종이다. 커피나무의 키는 약간 큰 편이고 커피녹병에 내성이 강하며 품질이 우수하고 생산성이 높다.

Sidikalang

인도네시아 수마트라 북부의 시디카랑(Sidikalang)에서 발견된 티피카의 자연변종이다. 1880년대 후반에 유행한 커피녹병으로 인해 대부분 사라졌지만 고지대나 외딴 지역에서 간혹 발견되는 품종이다.

Sidra

에콰도르에서 발견된 버본과 티피카의 자연변종이다. 다양한 국가에서 재배되고 있지만 질병에 취약한 것이 단점이다.

Siriema

1970년대 브라질 캄피나스 농업연구소에서 개발한 'Blue Mountain'과 'C. Racemosa'의 교배종을 'Mundo Novo'와 역교배한 품종이다. 2014년과 2015년에 두 가지 종류의 'Siriema'가 F7 교배종으로 등록되었다. 커피체리가 노란색과 붉은색을 띠며 그린 팁의 특징을 가지고 있다. 현재는 F8 교배종이 재출시됐으며 질병과 가뭄에 내성이 강해 다양한 테스트에 활용되고 있다.

SL Varieties

케냐 나이로비의 스콧 연구소(Scott Laboratories, SL)에서 개발된 품종을 일컬어 'SL Varieties'라고 부른다. 1934년에서 1963년 사이에 'French Mission'을 기반으로 개발되거나 선택된 품종들이며 중요한 것은 단순 교배종이 아니라 여러 번의 개체 선별 작업을 통해 개발된 선택종이라는 점이다. 일부 품종은 현재 케냐 스페셜티 커피산업 전반에 핵심적인 역할을 하고 있다.

SL1

케냐 스콧 연구소에서 처음 선택한 품종으로 외부 환경에 예민한 특징을 가지고 있다.

SL2

케냐 나이로비 근처의 위스퍼스(Wispers) 농장에서 발견되어 선택된 품종으로 커피체리의 크기가 작고 수확량이 낮으며 커피녹병에 내성이 약하다는 단점이 있다.

SL3

케냐 솔라이(Solai) 지역에 위치한 오나(Ona) 농장의 'French Mission' 재배 구역에서 선택된 품종이다. 'SL2'와 유사한 특징을 가지고 있다.

SL6

'Kent'에서 선택된 하위 품종으로 수확량이 높아 케냐 스콧 연구소의 다양한 교배 실험에 활용된다.

SL9

1920년대에 푸에르토리코에서 케냐로 전달된 품종으로 커피 재배가 가능한 고도에서는 커피열매병에 취약하다는 단점이 있다.

SL10

에티오피아 하라에서 케냐로 전달된 품종으로 높은 수확량에 비해 낮은 품질이 단점이다.

SL14

1933년에 케냐 카베테(Kabete) 지역에서 발견된 품종으로 1936년에 케냐 스콧 연구소에서 선택했으며 케냐와 우간다에서 매우 중요한 품종이다.

SL17

1960년에 케냐 스콧 연구소에서 선택한 품종으로 현재는 재배보다 주로 연구용으로 활용되고 있다. 최근 연구를 통해 예멘을 기원으로 하는 품종으로 알려졌다.

SL18

1960년에 케냐 스콧 연구소에서 선택한 품종으로 현재는 재배보다 주로 연구용으로 활용되고 있다.

SL19

1960년에 케냐 스콧 연구소에서 선택한 품종으로 현재는 재배보다 주로 연구용으로 활용되고 있다.

SL20

1960년에 케냐 스콧 연구소에서 선택한 품종으로 현재는 재배보다 주로 연구용으로 활용되고 있다.

SL26

'SL3'의 F1 교배종으로 그린 팁의 특징의 가지고 있으며 버본의 영향을 받은 것으로 추정된다.

SL28

1931년에 탄자니아에서 재배를 시작한 'Tanganyika Drought Resistant' 중 1935년에서 1939년 사이에 케냐 스콧 연구소에서 선택한 품종이다. 가뭄에 내성이 강하지만 수확량이 낮고 커피녹병과 커피열매병에 취약하다는 단점이 있다. 에티오피아와 수단의 커피품종에서 많은 영향을 받은 것으로 추정되며, 일부 자료에 따르면 케냐 스콧 연구소의 식물학자들이 'French Mission', 'Mokka', 티피카 등의 돌연변이를 연구하던 중 발견한 품종이라고 한다. 최근 유전자 연구를 통해 버본 계열의 품종으로 분류됐으며 SL 품종 중 품질이 가장 우수한 것으로 알려졌다.

SL34

케냐 카베테의 로레쇼(Loresho) 농장에서 발견된 'French Mission'의 자연변종으로 1935년에서 1939년 사이에 케냐 스콧 연구소에서 선택한 품종이다. 브론즈 팁의 특징을 가지고 있으며 최근 연구를 통해 예멘을 기원으로 하는 품종으로 알려졌다.

SL59

케냐 스콧 연구소에서 선택한 품종이다.

Starmaya

2001년에 'CIRAD'와 'ECOM'에서 개발한 'Marsallesa'와 야생 에티오피아 품종의 F1 교배종이다. 씨앗으로 번식하는 유일한 F1 교배종이며 'Sarchimor'와 유전적으로 유사한 특징을 가지고 있다. 높은 수확량과 커피녹병에 강한 내성을 가지고 있다.

Sulawesi

인도네시아 술라웨시 섬(Sulawesi)의 높은 고도에서 재배되는 품종으로 연구 결과 'Sln.3'와 동일한 품종으로 밝혀지면서 별도의 품종으로 인정받지 못했다.

Sumatra

특정 품종을 지칭하기보다 인도네시아 수마트라 북부에 위치한 만델링(Mandheling) 지역의 커피를 일컫는 말이다.

T5175

1970년대에 'CATIE'에서 발전시킨 'Hibrido de Timor 832/1'과 'Caturra'의 교배종이다. 질병에 내성이 약하고 균질성이 떨어져 주로 연구용으로 활용되고 있다.

T5296

1970년대에 'CATIE'에서 발전시킨 'Hibrido de Timor 832/1'과 'Villa Sarchi'의 교배종이다. 품질이 낮고 균질성이 떨어져 주로 연구용으로 활용되고 있다.

T8667

1970년대에 'CATIE'에서 발전시킨 'Hibrido de Timor 832/1'과 'Caturra'의 교배종이다. 수확량이 높고 커피녹병에 강한 내성을 가진 품종이다.

Tabi Indio

2002년에 콜롬비아 국립 커피 연구소에서 티피카, 버본, 'Hibrido de Timor'를 교배해 만든 품종이다. 여러 가지 질병에 강한 내성을 가지고 있으며 높은 수확량이 특징이다. 'Tabi'는 현지 원주민 어로 '좋다'는 뜻이다.

Tanganyika Drought Resistant

1931년에 탄자니아에서 선택된 가뭄에 내성이 강한 버본 계열의 품종이다. 탄자니아의 탕가니카(Tanganyika) 북부에 위치한 몬둘(Mondul) 지역에서 발견됐으며 일반 아라비카 품종보다 가뭄과 질병에 강한 내성을 가진 품종으로 알려졌다. 'Tanganyika D.R 1'와 'Tanganyika D.R 2'로 세분화되며 케냐 스콧 연구소에서 'SL28'을 비롯한 품종 개량에 활용되고 있다.

Tekisic

1949년부터 진행된 엘살바도르 커피 연구소의 개체 선별 작업을 통해 1977년에 공개된 버본의 자연변종이다. 'Tekisic'은 나와틀 어로 '일'이라는 뜻이며 버본에 비해 수확량은 높지만 질병에 약하다는 단점이 있다.

Tico

코스타리카에서 발견된 품종으로 현재는 재배되지 않는다.

Topázio / Topacio

1960년대에 브라질 캄피나스 농업연구소에서 개발한 'Mundo Novo'와 'Catuai'의 교배종을 'Catuai'와 역교배한 품종으로 높은 수확량이 특징이다.

Toraja Toraja

19세기 후반에 인도네시아에서 발생한 커피녹병에 의해 사라진 티피카의 자연변종이다. 이름은 인도네시아의 커피산지인 타나 토라자(Tana Toraja)에서 유래했다.

Totonaca

커피 종의 유전적 다양성을 높이기 위해 'CIRAD'와 'ECOM'에서 개발한 'Sarchimor T5296'과 'ET52A2(CATIE의 수집종에 포함된 에티오피아 품종)'의 교배종이다.

Travessia

브라질 캄피나스 농업연구소에서 개발한 'Yellow Catuai IAC 2077-2-12-70'과 'Mundo Novo IAC 515-20'의 교배종으로 브라질 국가품종목록에 'MGS Travessia'로 등록되었다. 커피나무의 키는 작지만 가지가 단단하고 가지치기에 따라 수확량과 품질이 민감하게 변하는 품종이다.

Tupi

브라질 캄피나스 농업연구소에서 개발한 'Villa Sarchi'와 'Hibrido de Timor CIFC 832/2'의 교배종이다. 'Yellow Catuai'나 'Obata'보다 커피체리의 크기는 작지만 수확량이 높고 커피녹병에 강한 내성을 가지고 있다. 1999년에 브라질 국가품종목록에 등록되었다.

Typica

대표적인 근대 아라비카 품종으로 에피오피아에서 예멘으로 건너가 전 세계로 전파되는 과정에서 끝까지 살아남았다. 전 세계에 존재하는 대부분의 커피품종에 많은 영향을 미쳤으며, 커피나무는 원뿔 형태로 자라고 브론즈 팁의 특징을 가지고 있다. 낮은 수확량과 커피열매병, 커피녹병에 약한 내성 때문에 점점 다른 품종으로 대체되어 가는 추세다.

Uganda

우간다에서는 'Bugishu'라고 불리며 현재 우간다 지역에서만 재배되고 있는 품종이다.

USDA / USDA762

1955년에 에티오피아 서남부에 위치한 미잔 타파리에서 프랑스 연구원 '장 르젠(Jean Lejeune)'에 의해 수집되어 미국 농무부로 전달된 품종이다. 전 세계의 식물을 목록화하는 과정에서 '01018-230762'라는 번호가 붙여졌으며, 이후 'USDA762'로 축약되었을 것으로 추정된다. 인도네시아 특히 자바에서 많이 자라는 것으로 알려졌지만 그다지 인기가 높은 품종은 아니다.

Venecia

코스타리카의 산 카를로스(San Carlos) 지역에서 선택된 버본 계열의 자연변종으로 1991년에 코스타리카 커피 연구소의 주도 하에 뚜리알바, 코토 부로스(Coto Brus), 페레즈 젤레돈(Pérez Zeledón) 세 지역에서 연구가 진행되었다. 크기가 일정하고 품질이 우수하며 높은 수확량이 특징이다. 특히 페레즈 젤레돈에서 진행된 연구에 따르면 완숙한 열매가 과숙성 단계로 넘어가는 기간이 상대적으로 긴 것으로 밝혀졌다. 꾸준한 연구개발을 통해 2010년에 품질이 우수한 품종으로 공식 출시되었다.

Villa Lobos

코스타리카에서 발견된 티피카의 자연변종으로 높은 고도에서 우수한 품질의 커피를 생산하며 강한 바람과 척박한 토양에서도 잘 자란다.

Villa Sarchi

1950~1960년대에 코스타리카 사르치(Sarchi) 마을에서 발견된 버본의 자연변종으로 그린 팁의 특징을 가지고 있으며 고도가 높은 지역에서 우수한 품질의 커피를 생산하는 것으로 알려졌다.

COLUMN

Coffee Research Center
세계의 커피 연구 기관

ANACAFE
Asociación Nacional del Café
(과테말라 커피 협회)

CATIE
Centro Agronómico Tropical de Investigación y Enseñanza
(코스타리카 열대농업연구교육센터)

CCRI
Central Coffee Research Institute
(인도 중앙 커피 연구소)

CENICAFE
Centro Nacional de Investigaciones de Café
(콜롬비아 국립 커피 연구소)

CEPAC
Centro de Promoción Agropecuaria Campesina
(볼리비아 농업 진흥 센터)

CIFC
Centro de Investigação das Ferrugens do Cafeeiro
(포르투갈 커피 연구소)

CIRAD
Centre de coopération Internationale en Recherche Agronomique pour le Développement
(프랑스 국제농업개발협력센터)

CRI
Kenya Coffee Research Institute
(케냐 커피 연구소)

EEA
Estacion Experimental Agricola en Adjuntas
(푸에르토리코 농업 연구소)

EPAMIG
Empresa de Pesquisa Agropecuária de Minas Gerais
(브라질 미나스제라이스 농업 연구 회사)

FAO
Food and Agriculture Organization of the United Nations
(유엔 식량 농업 기구)

FNC
Federación Nacional de Cafeteros
(콜롬비아 커피 생산자 연합)

IAC
Instituto Agronómico de Campinase
(브라질 캄피나스 농업 연구소)

IAPAR
Instituto Agronômico do Paraná
(브라질 파라나 농학연구소)

IBC
Brazilian Coffee Institute
(브라질 커피 연구소)

ICAFE
Instituto del Café de Costa Rica
(코스타리카 커피 연구소)

IHCAFE
Instituto Hondureño del Café
(온두라스 커피 연구소)

ICCRI
Indonesian Coffee and Cocoa Research Institute
(인도네시아 커피 카카오 연구소)

INMECAFE
Instituto Mexicano del Café
(멕시코 커피 연구소)

INIFAP
Instituto Nacional de Investigaciones Forestales, Agricolas y Pecuarias
(멕시코 임농업 연구소)

ISIC
Instituto Salvadoreño de Investigaciones del Café
(엘살바도르 커피 연구소)

PROCAFE
Programa de Apoio Tecnológico à Cafeicultura
(브라질 커피 재배 기술 지원 프로그램)

PROMECAFE
El Programa Cooperativo Regional para el Desarrollo Tecnológico y Modernización de la Caficultura
(중미 지역 커피 재배 기술 개발 및 현대화를 위한 협력 프로그램)

SL
Scott Laboratories
(케냐 스콧 연구소)

TaCRI
Tanzania Coffee Research Institute
(탄자니아 커피 연구소)

HYBRID VARIETY

CHAPTER 5

COFFEA ARABICA

세계 각국의 연구 기관과 기업, 대학에서 다양한 커피품종에 대한 유전자 분석과 조리 배양을 시도하는 이유도 품종 개량을 통해 환경 변화와 병충해에 강한 품종을 개발하여 지속가능한 커피 생산을 이어가기 위해서다.

1. 품종 개량과 커피의 미래
Breeding for The Future

커피 재배가 전 세계로 확산되면서 여러 문제점도 나타났다. 커피나무가 낯선 환경에 적응하지 못해 재배에 실패하거나 혹은 성공하더라도 질병으로 인한 피해까지 막진 못한 것이다. 특히 유전적 다양성이 부족한 아라비카는 한 품종이 특정 질병에 대한 내성이 없으면 다른 품종도 없을 가능성이 높기 때문에 한번 질병에 걸릴 경우 전파속도가 매우 빠르다는 점에서 치명적이다. 단일종인 바나나가 전염병에 취약해 멸종위기에 처한 것과 비슷한 이유라고 할 수 있다.

과거에는 커피열매병과 커피녹병이 가장 큰 문제였다면 최근에는 지구온난화와 기후위기가 가져온 가뭄과 병충해, 이로 인한 생산량 감소가 심각한 문제로 대두되고 있다. 월드커피리서치를 비롯한 세계 각국의 연구 기관과 기업, 대학에서 다양한 커피품종에 대한 유전자 분석과 조직 배양을 시도하는 이유도 품종 개량을 통해 환경 변화와 병충해에 강한 품종을 개발하여 지속가능한 커피 생산을 이어가기 위해서다.

2. 식물에서의 교배
What Is Hybrid?

식물의 교배는 식물학에서 매우 중요하게 다루는 분야로 여러 가지 목적에 의해 발전되어 왔다. 식물학에서 '교배'란 식물의 '수분'을 의미하며, 여기서 수분은 번식을 위해 수술의 꽃가루를 암술머리에 붙여 꽃을 수정하는 것을 말한다. 자가수분처럼 꽃이 동일한 개체의 꽃가루에 의해 수정되는 경우가 아닌 이상 대부분 자연에서 바람이나 곤충에 의해 타가수분이 이루어지는데, 간혹 수확량을 늘리거나 품질을 개선하기 위해 인공수분을 진행하기도 한다. 인공수분을 통해 착과율을 높이고 고른 크기의 열매를 얻는 데 도움이 되기 때문이다.

식물 교배의 대표적인 성공 사례로 우리나라 딸기를 들 수 있다. 1994년에 충남 논산시에 설립된 딸기시험장에서는 전 세계 딸기 170여 개의 품종을 수집해 품종 개발 작업에 착수했다. 2000년대 초반까지만 해도 국내에서 재배되는 딸기의 90% 이상은 일본 도입종이었고, 국산 신품종이 없다는 이유로 종묘상들은 과도한 로열티를 요구했다. 당시 딸기가 신품종 보호작물로 지정될 경우 국제식물 신품종 보호협약(UPOV)에 따라 농민들이 물어야 할 수입 비용도 연간 수백억 원에 달했다.

논산 딸기시험장 연구원들은 그동안 재배해 온 일본품종 '레드펄(일명 육보)'과 '장희'의 꽃가루를 채취해 교배하는 방법으로 약 일 년간 각기 다른 특성의 1만 5,000여 개 개체를 만들어 불량 품종을 도태시키면서 비료에 부작용이 적고 병충해에 강한 우량 품종을 골라냈다. 이를 통해 2002년 '매향'을 시작으로 2005년에 탄생한 '설향'이 현재 국내 딸기 생산량의 약 85%를 차지하게 되면서 국내 육성종 재배 비율이 일본 도입종을 뛰어넘게 되었다.

이처럼 식물의 교배는 외국 품종이 새로운 환경에 적응할 수 있도록 돕고 나아가 신품종 개발을 통해 품질과 생산성을 향상시키고 유전적 다양성을 유지하는 데 중요한 역할을 하고 있다.

3. 멘델의 유전법칙
Mendel's Law

식물 교배에 관한 연구는 오스트리아 과학자이자 성직자인 그레고어 멘델(Gregor Johann Mendel)에 의해 시작되어 '멘델의 법칙(우열의 법칙, 분리의 법칙, 독립의 법칙)'이라는 발견으로 이어졌다. 그는 1865년에 완두콩 교배 실험으로 교배의 기본 개념을 정립하고 최초로 유전 원리를 밝혀냈으며, 그가 세상을 떠난 후 1900년에 이르러 유전학을 개척한 과학자로 재평가되었다.

멘델은 완두콩 교배 실험에서 자가수분을 반복해 얻은 순종 완두콩을 부모가 되는 식물로 보고 P세대(Parental Generation)라고 이름 붙였으며, 이 둘을 교배해 얻은 자손은 잡종 1세대(F1, First Filial), 잡종 1세대 사이에서 태어난 자손은 잡종 2세대(F2, Second Filial)라고 정의했다. 또한 유전자를 표현할 때 외형적으로 드러나는 형질은 모양이나 색으로 구분하고, 실제로 가지고 있는 유전자의 형태는 알파벳을 활용해 우성 형질을 만드는 유전자는 대문자, 열성 형질을 만드는 유전자는 소문자로 표현했다.

유전자 표기 예시

1. 표현형 표기	2. 유전자형 표기
둥근 노란색 완두, 주름진 녹색 완두	RR, Rr, rr

1 단성 잡종 교배

멘델은 먼저 한 가지 형질을 실험하는 단성 잡종 교배를 통해 P세대인 둥근 완두와 주름진 완두를 교배하면 둥근 완두만 얻을 수 있다는 '우열의 법칙'을 발견했으며, 이렇게 탄생한 F1 완두를 자가수분했을 때 F2에서 둥근 우성 완두와 주름진 열성 완두가 3:1의 비율로 나타나는 '분리의 법칙'을 발견했다. 이전까지는 부모 세대의 형질이 자손에게 '액체처럼 섞여서 전달된다'는 혼합유전설이 대세였지만 멘델은 완두콩 교배 실험을 통해 F1에서 사라졌던 부모 세대의 형질이 F2에서 다시 나타나는 것을 보고 불연속적인 유전 단위가 있음을 증명했다. 이는 현대 유전학의 첫 장을 연 매우 중요한 발견이었다.

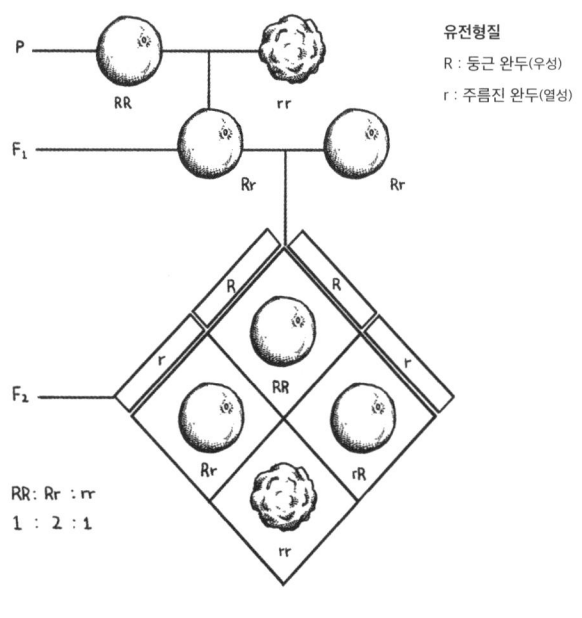

단성 잡종 교배 실험

2 양성 잡종 교배

또한 그는 두 가지 이상의 형질을 실험하는 양성 잡종 교배를 통해 하나의 형질에 영향을 주는 한 쌍의 대립유전자가 또 다른 형질에 영향을 주는 한 쌍의 대립유전자와 어떤 관계가 있는지 밝혀냈다. 멘델은 둥근 노란색 완두콩과 주름진 녹색 완두콩을 교배해 만든 둥근 노란색 F1 완두를 자가수분했을 때 F2에서 총 네 가지 형질의 완두가 9:3:3:1의 비율로 나타나는 것을 확인했다.

그는 이 실험을 통해 두 쌍의 대립유전자가 세대를 거쳐 내려오면서도 계속 유지되는 것을 보고 유전자가 일종의 입자처럼 서로 영향을 주지 않으며 독립적으로 분리되어 있음을 알아냈다. 이것이 바로 우열의 법칙과 분리의 법칙이 독립적으로 일어난다는 '독립의 법칙'이다. 커피에서도 커피나무의 키와 열매의 색은 서로 영향을 주는 대립유전자 관계가 아니며 각각의 형질이 독립적으로 나타나는 독립의 법칙이 성립된다.

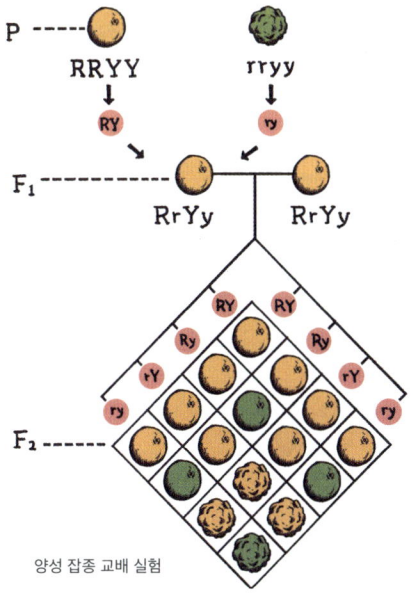

양성 잡종 교배 실험

3 역교배

이 밖에도 부모 세대 중 하나와 교배를 통해 만든 F1을 '역교배' 하는 방식도 있는데, 이는 품종개량에서 특정 유전 형질을 분리하기 위해 사용하는 교배 방식이다. 역교배는 부모 세대와 교배를 반복하면서 우수한 특성을 닮은 품종이 나올 확률이 높아지지만 그만큼 시간이 오래 걸린다는 단점이 있다.

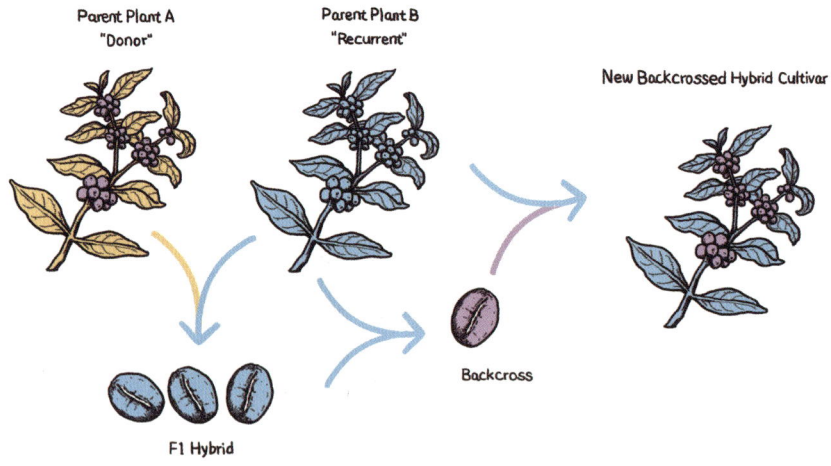

역교배 과정

4. 커피에서의 교배
What Are Hybrid Coffees?

아라비카는 전 세계 커피의 70% 이상을 차지하고 있지만 유전적 다양성이 부족해 기후위기와 질병에 갈수록 취약해지고 있다. 다만 한 가지 희망적인 사실은 아라비카의 원산지인 에티오피아의 깊은 숲에 아직 밝혀지지 않은 수많은 야생 품종이 자생하고 있고, 이들이 지닌 유전적 다양성 역시 무궁무진하다는 것이다.

앞으로 많은 시간과 비용, 노력이 필요한 작업이지만 언젠가는 현재 재배되고 있는 품종보다 질병에 강하고 생산성이 높은 품종을 찾게 될지도 모른다. 물론 이러한 품종을 발견하더라도 원하는 지역에 맞게 적응시키는 것은 또 다른 문제이기 때문에 적절한 교배를 통해 각 품종의 장점을 결합한 새로운 품종을 개발하는 것이 중요하다.

1 단교배(동종교배)

커피의 교배는 형태에 따라 단교배의 일종인 동종교배, 이종교배와 역교배 세 가지로 구분할 수 있으며 이 중 가장 일반적인 것이 '단교배'이다. 단교배는 기본적으로 유전 형질이 다른 두 가지 종을 교배하는 것을 말하는데, 그 안에서도 같은 종 간의 교배(아라비카X아라비카)와 서로 다른 종 간의 교배(아라비카X카네포라)로 나뉜다.

같은 종 간의 '동종교배'는 어떤 조합이 더 우수한지 단적으로 비교할 수 있고 교배가 비교적 쉽게 이루어지며 기존에 가지고 있던 유전 형질이 안정적으로 유지된다는 장점 때문에 많이 활용되고 있다. 이러한 형태의 대표적인 예로 버본의 자연변종인 파카스(Pacas)와 티피카의 자연변종인 마라고지페를 교배해 만든 파카마라를 들 수 있다. 파카마라의 경우 첫 교배로 만들어진 F1 중 우수한 샘플을 선별하여 5세대인 F5까지 자가수분을 하고, 이후 유전 형질이 안정화되면 6세대에 해당하는 F6부터 별도의 품종으로 간주한다.

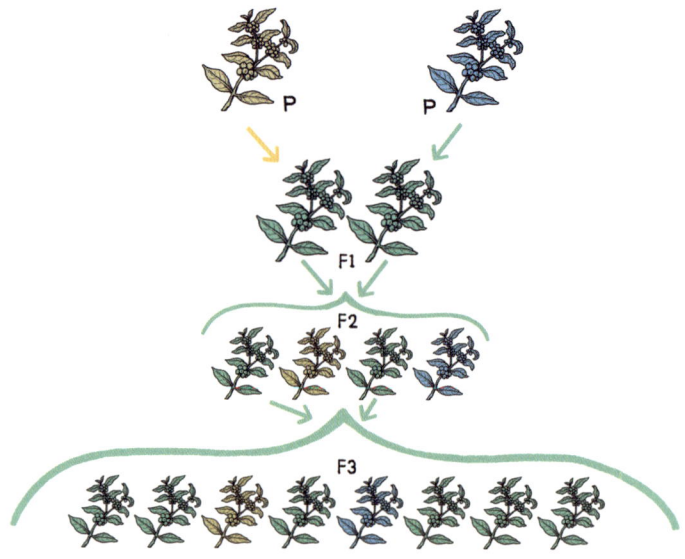

커피 교배 과정

2 단교배(이종교배)

단교배 중 서로 다른 종 간의 교배를 '이종교배'라고 하며, 이는 두 종의 염색체 수가 달라서 자연 상태에서는 잘 일어나지 않기 때문에 인공적으로 카네포라를 콜히친(Colchicine)*하여 염색체 수를 두 배로 늘린 후 교배를 진행한다. 이종교배종의 대표적인 예로 1920년대에 동티모르에서 발견된 티피카와 로부스타의 자연교배종인 하이브리드 티모르(Hibrido de Timor, HdT)가 있다.

이종교배는 대부분 생산성 향상과 질병 예방을 위해 진행되지만 최근 천연 디카페인 품종을 개발하기 위한 교배 실험도 활발하게 이루어지고 있다. 실제로 코페아 종 가운데 카페인 함량이 매우 적거나 없는 것으로 알려진 코페아 라세모사를 아라비카와 교배해 개발한 '아라모사'는 천연 디카페인 품종으로 2013년에 브라질에서 처음 출시되기도 했다.

* 콜히친 : 백합과 식물인 콜키쿰(Colchicumautumnale)의 씨앗이나 알뿌리에 든 알칼로이드 성분으로 세포 분열 시 핵분열이 끝난 세포가 둘로 나뉘는 것을 억제하여 염색체 수를 배가시킨다. 일례로 염색체가 22개인 2배체(2n=22) 일반 수박의 떡잎에 콜히친을 묻혀 염색체가 44개인 4배체(4n=44) 수박 씨앗을 얻은 후 이를 다시 일반 수박과 교배하면 염색체가 33개인 3배체(3n=33) 씨 없는 수박이 나오게 된다.

3 역교배

단교배로 만들어진 품종(단교잡)을 부모 세대와 다시 '역교배((아라비카×카네포라)×아라비카)'해 기존의 단점은 보완하고 장점을 부각시키는 방법도 있는데, 대표적으로 HdT와 카투라를 교배해 새로운 형질을 추가한 카티모르를 들 수 있다. 카티모르는 커피나무의 키가 작은 카투라와 커피녹병에 내성이 강한 HdT를 교배해 커피나무의 키는 낮추고 질병 저항성은 높임으로써 생산성과 관리 용이성을 모두 개선한 사례라고 볼 수 있다.

4 다계교배

'다계교배'는 유전자형이 서로 다른 여러 개의 품종을 교배하는 것으로, 단교배로 만들어진 품종(단교잡) 간의 교배를 통해 다양한 품종의 유전 형질을 가진 잡종(복교잡)을 생산함으로써 '잡종강세'• 효과를 극대화할 수 있다. 다계교배로 개발된 대표적인 품종으로는 '루이루 11(Ruiru 11)'을 들 수 있다. 루이루 11은 1985년 케냐 루이루에 위치한 커피 연구소에서 커피열매병에 내성이 강한 루메 수단, HdT, K7과 품질이 우수한 N39, SL28, SL34, 버본을 다계교배한 후 가장 뛰어난 개체를 카티모르와 인공수분해 만들었다.

• 잡종강세 : 식물 유전학에서 F1은 부모 세대의 유전자 조합에 의해 만들어진 첫 번째 자손으로서 양친 계통의 어느 쪽보다도 우수한 형질을 띠는데, 이를 '잡종강세'라고 한다.

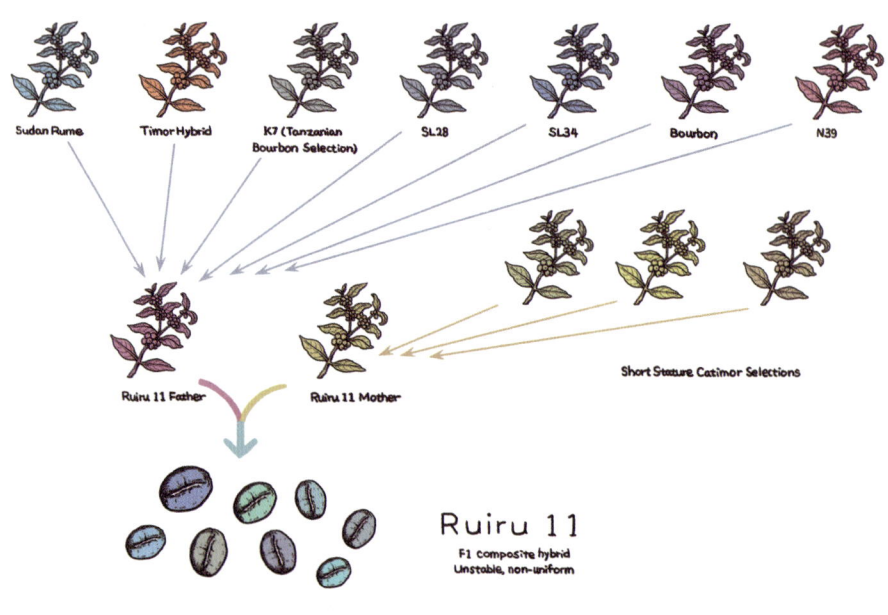

루이루 11 교배 과정

5. 커피나무의 조직 배양과 종자 번식

Advances in Coffee Tissue Culture

커피나무는 대부분 씨앗을 파종해 키우는 '종자 번식'으로 자손을 증가시키지만 교배종은 간혹 변이가 일어나기도 하고 열매를 맺는 데 시간이 너무 오래 걸린다는 단점이 있다. 그래서 일부 연구소에서는 '조직 배양(Tissue Culture, TC)'이라는 방식을 사용해 형질이 안정적인 교배종을 얻기까지 걸리는 시간을 단축시키기도 한다.

조직 배양은 식물의 잎, 줄기, 뿌리와 같은 기관이나 조직, 세포 등을 분리해 무균상태의 인공배지에서 배양하는 기술이다. 빠른 시간에 복제 및 증식이 가능하기 때문에 식물을 대량으로 만들어낼 수 있다는 장점이 있지만 현실적으로 높은 비용과 기술적 한계로 인해 커피 생산국에서는 시행하기 어려운 경우가 많다.

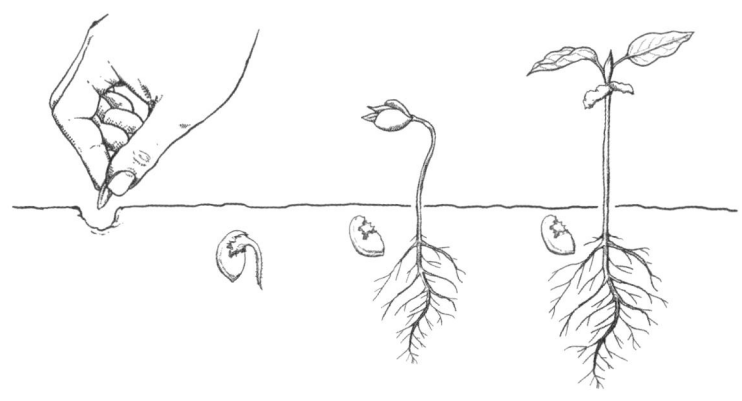

종자 번식 과정

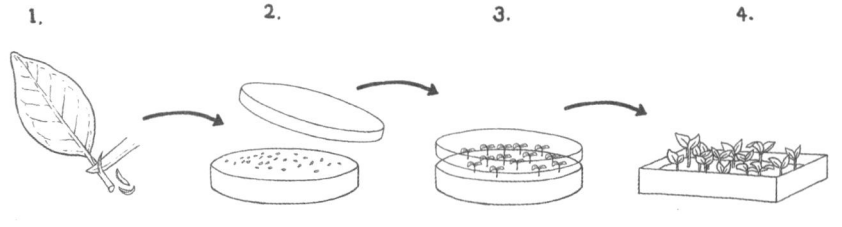

조직 배양 방법

1 식물에서 조직 샘플 채취
2 영양소 및 식물 생장 호르몬인 오옥신(Auxin)이 함유된 한천 배지에 조직 샘플 보관
3 발아된 샘플이 작은 식물로 성장
4 퇴비가 담긴 화분으로 옮겨 심은 후 관찰

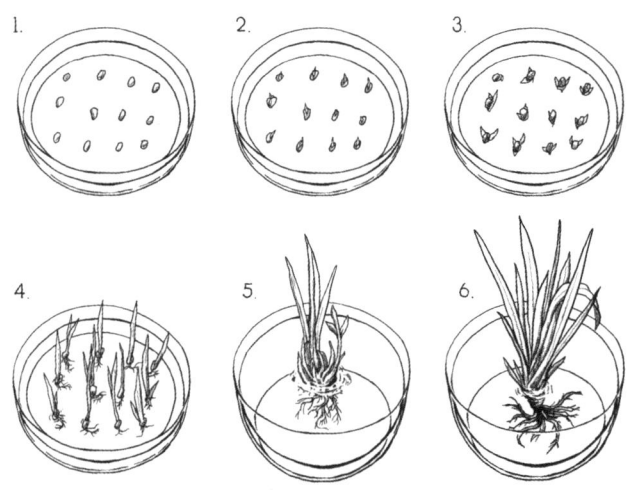

식물 종자의 조직 배양 예시

1 멸균된 인공배지에서 접종된 식물 종자
2 따뜻한 물 또는 수산화나트륨 주입
3 발아된 종자
4 작은 묘목 생성
5 20일 경과 후 모습
6 뿌리가 군집을 이룬 모습

일반적인 교배종은 잡종 2세대인 F2부터 5세대인 F5까지 반복적인 교배와 선별 과정을 거쳐 탄생하지만 F1의 경우 대체로 새로운 환경에서의 적응력과 질병 저항성이 뛰어나고 생산성도 기존 품종보다 50%가량 높기 때문에 별도의 선발 과정을 거치지 않는 편이다.

하지만 종자 번식의 경우 앞서 설명한 멘델의 법칙에 따라 다음 세대에서 부모 세대와 다른 열성 형질을 가지며 양친 계통의 어느 쪽보다도 뒤떨어지는 '잡종약세'가 나타날 수 있다. 때문에 F1은 생두로 바로 판매하거나 인공수분한 F1을 조직 배양으로 복제하여 묘목으로 배포하는 방식을 택하고 있다.

하지만 이렇게 만든 F1 묘목의 가격은 일반 품종보다 3배 가까이 비싸기 때문에 월드커피리서치에서는 이러한 문제를 해결하고자 유전자 지도(Genetic Map)를 활용하기 시작했다. 과거 다양한 품종의 커피를 무작정 교배하던 방식에서 벗어나 유전자 지도를 바탕으로 교집합이 작은, 최대한 상반된 형질을 지닌 품종끼리 교배를 진행하여 기존과 확연히 다른 특징의 교배종을 만들어 내고 이를 통해 새로운 품종 개발에 한 걸음 더 가까워지게 되었다.

월드커피리서치는 최적의 유전자 조합을 찾아 대량 증식하는 방법으로 새 품종을 무료 또는 저렴한 가격에 전 세계에 배포했으며, 이를 통해 개별 국가나 개인 농장이 신품종 개발을 위해 부담해야 할 최소 10년 이상의 시간과 막대한 비용을 크게 줄이면서 전반적인 커피 품질 향상에 기여할 수 있었다.

6. 커피의 교배와 지속가능한 커피 생산
Breeding Coffee for Sustainable Production

커피산업에서 커피의 교배는 다양한 측면에서 중요한 의미를 지닌다. 과거 커피의 교배는 대부분 생산성 향상을 목표로 이루어졌다. 단위 면적당 생산성을 높이기 위해 커피나무의 키를 줄여 수확이 용이하고 밀집 재배가 가능하게 만드는 것이 일반적인 교배의 목적이었다.

하지만 오늘날 커피의 교배는 재배 환경의 관점에서도 매우 중요하다. 중미에서는 전통적으로 키가 크고 잎이 넓은 나무 사이에 커피나무를 심어 적당한 일조량을 유지하고 그늘을 이용해 바람의 영향과 일교차를 낮춰 모양과 품질이 좋은 커피를 생산해 왔다. 최근 들어 생산성 향상을 위해 그늘 대신 양지에서 커피나무를 재배하는 사례가 늘고 있으며, 이 경우 생산량은 20~40%가량 증가하지만 재배 면적을 확대하는 과정에서 무분별한 산림 벌채가 이루어져 토양 오염과 침식, 그로 인한 커피의 품질 저하와 커피나무의 수명 단축 등 다양한 문제를 야기하기도 한다.

갈수록 심해지는 기후위기가 커피산지의 기온을 높이고 건기와 우기의 흐름을 깨면서 발생한 가뭄과 병충해가 커피 생산에 큰 타격을 입히고 있다. 매년 그 피해 규모도 점차 커지는 추세이며, 이르면 2050년에는 전 세계 커피산지의 절반 이상이 더 이상 커피 재배를 하지 못하게 될 것이라는 예측도 나오고 있다. 여기에 유전적 다양성이 결핍된 아라비카는 커피 생산의 어려움을 더욱 가중시키고 있다.

새로운 품종의 발굴과 지속적인 교배를 통한 품종개량은 미래 커피산업의 존속을 결정할 가장 중요한 화두이다. 커피산업을 위협하는 기후변화와 커피산지 및 품종의 다양성 감소는 전 세계 1억 명에 달하는 커피 생산자들의 생계와 직결된 문제일 뿐만 아니라 커피산지의 생태계 보존과도 밀접한 관련이 있다.

그렇다면 커피산업의 안정성과 지속성이 중대한 위기에 처한 상황에서 소비국의 바리스타는 어떤 역할을 할 수 있을까? 최소한 소비자와 만나는 커피체인의 최종 단계에 있는 사람으로서 이러한 문제의 심각성을 깨닫고 각자 자신의 자리에서 커피의 미래를 지키기 위해 무엇을 실천할 것인지 고민해볼 필요가 있다.

과거 단순히 생산량을 늘리기 위해 추진되었던 커피 교배는 이제 기후위기 대응과 품질 향상에 초점을 맞춰 연구가 진행되고 있다. 커피의 지속가능성을 고민하는 바리스타라면 현재 커피시장에서 품종이 가지는 의미와 중요성을 이해하고 다양한 품종 이슈에 주목하며, 소비자들이 윤리적이고 의식 있는 커피 소비를 통해 커피산업의 선순환에 동참할 수 있도록 최상의 맛과 서비스, 그리고 정확한 정보를 제공해야 할 의무와 책임이 있다. 사소하지만 이러한 작은 관심과 노력이 모여 커피산업을 발전시켜 나가는 원동력이 될 것이다.

REFERENCE

참고문헌

CHAPTER 1.
WILD COFFEA SPECIES

Adriana Farah (2019), Coffee: Production, Quality and Chemistry, Royal Society of Chemistry

Aaron P.Davis, Franck Rakotonasolo (2003), New species of Coffea L. (Rubiaceae) from Madagascar, Botanical Journal of the Linnean Society, Volume 142, Issue 1, Pages 111-118

Aaron P.Davis, Franck Rakotonasolo (2001), Two New Species of Coffea L. (Rubiaceae) from Eastern Madagascar, Kew Bulletin, Vol. 56, No.2, Pages 479-489

Aaron P.Davis, Franck Rakotonasolo (2008), A taxonomic revision of the baracoffea alliance: nine remarkable Coffea species from western Madagascar, Botanical Journal of the Linnean Society, Volume 158, Issue 3, Pages 355-390

Aaron P.Davis, James Tosh, Nicolas Ruch, Michael F.Fay (2011), Growing coffee: Psilanthus (Rubiaceae) subsumed on the basis of molecular and morphological data; implications for the size, morphology, distribution and evolutionary history of Coffea, Botanical Journal of the Linnean Society, Volume 167, Issue 4, Pages 357-377

Aaron P.Davis, Helen Chadburn, Justin Moat, Robert O'Sullivan, Serene Hargreaves, Eimear Nic Lughadha (2019), High extinction risk for wild coffee species and implications for coffee sector sustainability, Science Advances, Vol. 5, No. 1, eaav3473

Aaron P.Davis, Rafael Govaerts, Diane M.Bridson, Piet Stoffelen (2006), An annotated taxonomic conspectus of the genus Coffea (Rubiaceae), Botanical Journal of the Linnean Society, Volume 152, Issue 4, Pages 465-512

C.C.Chinnappa, B.G.Warner (1981), Pollen morphology in the genus Coffea (Rubiaceae) and its taxonomic significance, Botanical Journal of the Linnean Society, Volume 83, Issue 3, Pages 221-236

Coffee berry disease: rain, public enemy no. 1, CIRAD(the French Agricultural Research Centre for International Development), 2010.6.15

Chittaranjan Kole (2011), Wild Crop Relatives: Genomic and Breeding Resources: Plantation and Ornamental Crops, Springer Science & Business Media

C.P.Musoli, F.Pinard, A.Charrier, A.Kangire, G.M.ten Hoopen, C.Kabole, J.Ogwang, D.Bieysse, C.Cilas,

(2008), Spatial and temporal analysis of coffee wilt disease caused by Fusarium xylarioides in Coffea canephora, European Journal of Plant Pathology, Volume 122(4): 451-460

Fate of Madagascar's forests in the hands of incoming president (Jeff Tollefson), nature, 2019.1.18

F. Anthony, B. Bertrand, O. Quiros, A. Wilches, P. Lashermes, J. Berthaud & A. Charrier (2001), Genetic diversity of wild coffee (Coffea arabica L.) using molecular markers, Euphytica, volume 118, Pages 53-65

Gertrude Alworah, Elijah K.Gichuru (2014), Advances in the Management of Coffee Berry Disease and Coffee Leaf Rust in Kenya, Journal of Renewable Agriculture, 2(1): 5-10

J. A. Mouen Bedimo, I. Njiayouom, D. Bieysse, M. Ndoumbè Nkeng, C. Cilas, J. L. Nottéghem (2008), Effect of Shade on Arabica Coffee Berry Disease Development: Toward an Agroforestry System to Reduce Disease Impact, Ecology and Epidemiology, Vol. 98, No. 12, Pages 1320-1325

Maria do Céu Silva, Victor Várzea, Leonor Guerra-Guimarães, Helena Gil Azinheira, Diana Fernandez, Anne-Sophie Petitot, Benoit Bertrand, Philippe Lashermes, Michel Nicole (2006), Coffee resistance to the main diseases: leaf rust and coffee berry disease, Braz. J. Plant Physiol., 18(1):119-147

Mouen Bedimo J.A., Bieysse D., Nyassé S., Nottéghem J.L., Cilas C. (2010), Role of rainfall in the development of coffee berry disease in Coffea arabica caused by Colletotrichum kahawae,in Cameroon., Plant Pathology, 59, 324-329

Paula Bramel, Sarada Krishnan, Daniela Horna, Brian Lainoff, Christophe Montagnon (2017), Global conservation strategy for coffee genetic resources, World coffee research & Crop trust

Perla Hamon, Jean-Jacques Rakotomalala, Sélastique Akaffou, Norosoa J.Razafinarivo, Emmanuel Couturon, Romain Guyot, Dominique Crouzillat, Serge Hamon, Alexandre de Kochko (2015), Coffee in Health and Disease Prevention, Elsevier

Pedro Talhinhas, Dora Batista, Inês Diniz , Ana Vieira, Diogo N. Silva (2016), The coffee leaf rust pathogen Hemileia vastatrix: one and a half centuries around the tropics, Molecular Plant Pathology, Volume 18, Issue 8

Piet Stoffelen, Michel Noirot, Emmanuel Couturon, Sylvain Bontems, Petra De Block, François Anthony (2009), Coffea anthonyi, a New Self-Compatible Central African Coffee Species, Closely Related to an Ancestor of Coffea arabica, TAXON, Vol. 58, No.1, Pages 133-140

Piet Stoffelen, Michel Noirot, Emmanuel Couturon, François Anthony (2008), A new caffeinefree coffee from Cameroon, Botanical Journal of the Linnean Society, Volume 158, Issue 1, Pages 67-72

Ram J.Singh (2006), Genetic Resources, Chromosome Engineering, and Crop Improvement, CRC press

R.J.Clarke, R.Macrae (1988), Coffee Volume 4 : Agronomy, Elsevier applied Science

Sihen Getachew, Girma Adugna, Fikre Lemessa and H. Hindorf (2012), Coffee Wilt Disease (Gibberella xylarioides Heim and Saccas) in Forest Coffee Systems of Southwest and Southeast Ethiopia, Plant Pathology Journal: Volume 11 (1): 10-17

Tesfaye Alemu (2012), A review of coffee wilt disease, Gibberella xylarioides (Fusarium xylarioides) in Africa with special reference to Ethiopia, Ethiopian Journal of Biological Sciences, 11(1): 65-103

V.B.Sureshkumar, N.S.Prakash, K.V.Mohanan (2010), A Study of Coffea racemosa x Coffea canephora var. robusta Hybrids in Relation to Certain Critically Important Characters, International Journal of Plant Breeding and Genetics, Volume 4 (1): 30-35

Viani, Rinantonio (2004), Espresso coffee(the chemistry of Quality), AcademicPr

WMO (2020, No.1253), State of the Climate in Africa 2019, WMO

마다가스카르의 산림 (김오윤 기자), 나무신문, 2018.1.5

이병운 외, 식물분류학, KNOU press, 2018

산림청, 식물의 분류, 국가생물종 지식정보시스템, 2016.02

CHAPTER 2.
ETHIOPIAN VARIETY

Aaron D. Gove, Kristoffer Hylander, Sileshi Nemomisa, Anteneh Shimelis(2008). Ethiopian Coffee Cultivation: Implications for bird conservation and environmental certification. Wiley Periodicals

Aaron P. Davis, Tim Wilkinson, Zeleke Kebebew Challa, Jenny Williams, Susana Baena, Tadesse Woldemariam Gole, Justin Moat. (2018). Coffee Atlas of Ethiopia. Kew Publishing Royal Botanic Gardens

Alemayehu Teressa, Dominique Crouzillat, Vincent Petiard, Pier Brouhan(2010). Genetic Diversity of Arabica coffee Collection. Ejast Volume. 1

Ashenafi Ayano, Sentayehu Alamirew, Abush Tesfaye(2014). Combining ability for yield and Morphological characters in southwestern Ethiopian Origin Coffee Hybrids. Sky Journal of Agricultural Research Volume. 3

Ayehu Bacha, Kamil Mohammed, Lenin Kuto, Dereje Fufa(2019). Coffee Ceremony of the Macha Oromo in Jimma Zone, Ethiopia. International Journal of Humanities and Cultural Studies Volume 6.

Bayetta Bellachew, Behailu Atero, Gibramu Temesgen(1998). Description and Production recommendations for new cultivars of arabica coffee. Institute of Agricultural Research

Bruna Silvestre Rodrigues da Silva, Gustavo Cesar Sant'Ana, Camila Lucas Chaves, :Leonardo Godoy Androcioli, Rafaelle Vecchia Ferreira, Gustavo Hiroshi Sera, Pierre Charmetant, Thierry Leroy, David Pot, Douglas Silva Domingues, Luiz Filipe Protasio Pereira(2019). Populatio Structure and Genetic Relationships Between Ethiopian and Brazilian Coffea arabica Genotypes Revealed by SSR Markers. Springer Nature Switzerland AG

Demelash Teferi, Girma Adugna, Diriba Muleta, Kifle Belachew(2015). Evaluation of Coffee Germplasm for three Major Diseases at Jimma, Ethiopia. Journal of Biology Volume. 5

Desalegn Alemayehu(2017). Review on Genetic Diversity of Coffee in Ethiopia. International Journal of Forestry and Horticuluture Volume. 3

Desalegn Alemayehu, Wakuma Merga(2017). Current Status of Arabica Coffee Genetic Resource: Conservations, Constraints and Mitigation Strategies in Ethiopia. International Journal of Research Studies in Science, Engineering and Technology Volume. 4

Esayas Aga(2005). Molecular Genetic Diversity Study of Forest Coffee Tree Populations in Ethiopia: Implications for Conservation and Breeding. Acta Universitatis Agriculturae Sueciae

Elisabeth Anne Hildebrand, Steven Andrew Brandt, Josephine Lesure-Gebremariam(2010). The Holocene Archaeology of Southwest Ethiopia: New Insights from the Kafa Archaeological Project. Springer Science Business Media

Elsa Tirfe, Taye Kufa, Ali Mohammed, Yibrah Gebremedhin(2015). Physical Quality Performance of Some Early Released Coffee Varieties at Three Locations in South-west Ethiopia. Food Science and Quality Management Volume. 37

F.T. Tadesse, Y.Jemal, H.Abebe(2015). Effect of Green Coffee Processing Methods and Roasting Temperatures on Physical and Cup Quality of Sidama Coffee, Southern Ethiopia. Journal of Nutritional Ecology and Food Research Volume. 3

Getachew Welde Michael, Sentayehu Alamerew, Taye Kufa, Tadesse Benti(2013). Genetic Diversity Analysis of Some Ethiopian Specialty coffee Germplasm Accessions Based on Morphological Traits. Time Journals of Agriculture and Veterinary Sciences Volume. 1

Getu Bekele, Timothy Hill. (2018). A Reference Guide to Ethiopian Coffee Varieties.

Gizachew Atinafu, Husseien Mohammed, Taye Kufa(2017). Genetic Variability of Sidama Coffee Landrace for Agro-Morphological Traits at Awada, Southern Ethiopia. Academic Research Journals of Agricultural Science and Research

G Broad Trading PLC & Counter Culture Coffee

H. Veenman & Zonene B.V. (1981), Selection of Arabica Coffee Types Resistant to Coffee Berry Disease in Ethiopia. N.A.Van der Graaff

Hailu Duguma, Mosisa Chewaka(2019), Review on Coffee Wet Processing more Focus in Ethiopia. ACTA Scientific Agriculture Volume. 3

Jean-Pierre Labouisse, Bayetta Bellachew, Surendra Kotecha, Benoit Bertrand(2008), Current status of coffee genetic resources in Ethiopia: Implications for conservaton. Genet Resour Crop Evol

Jean-Pierre Labouisse, Surendra Kotecha(2008), Preserving Diversity for Speciality Coffees. A focus on production systems and genetic resources of arabica coffee in Ethiopia. SCAA 20th Annual Conference

Jeff Koehler. (2017), Where the Wild Coffee Grows. Bloomsbury

J.P. Labouisse, B.Bellachew, C.Hamelin, S.Kotecha, B.Bertrand(2005), Collection and ex situ Conservation of Coffee Landraces in Ethiopia(The Example of Harerge). French Agricultural Research Centre for International Development

K.f.Wiersum, T.W.Gole, F.Gatzweiler, J.Volkmann, E.Bognetteau and Olani Wirtu(2007), Certification of wild coffee in Ethiopia: Experiences and Challenges. Article submitted to forests, trees and livelihoods

Kebebew Assefa, Sherif Aliye, Gatachew Belay, Gizaw Metaferia, Hailu Tefera, Mark E. Sorrells(2011), Quncho: The First Polular tef Variety in Ethiopia. International Journal of Agricultural Sustainablity

Mesfin Kebede, Bayetta Bellachew(2008), Phenotypic Diversity in the Harage Coffee Germplasm for Quantitative Traits. East African Journal of Sciences Volume. 2

Motuma Tolera, Mulugeta Lemenih, Peter O'Hara, Adrian Wood. In-situ Conservation of wild forest coffee - Exploring the Potential of Participatory Forest Management in Southwest Ethiopia.

Raf Aerts, Lore Geeraert, Gezahegn Berecha, Kitessa Hundera, Bart Muys, Hanne De Kort, Olivier Honnay(2016), Conserving wild Arabica Coffee : Emerging threats and opportunities. Agriculture, Ecosystems and Environment

Regassa Feyissa, Genene Gezu, Bayush Tsegaye, Kassahun Tesfaye(2013), Community management of forest coffee landscapes in Ethiopia(Community Biodiversity Management). Routledge

Samuel Diro Chelkeba, Solomon Aseffa Ayele, Beza Erko Erge(2016), Trends and Determinants of Coffee Commercialization Among Smallholder Farmers in Southwest Ethiopia. Journal of Agriculutral Economics and Rural Development Volume. 3

Tadesse Benti(2017), Progress in Arabica Coffee Breeding in Ethiopia: Achievements, Challenges and Prospects. International Journal of Sciences: Basic and Applied Research(IJSBAR)

Tadesse Woldemariam Gole(2015), Coffee Production Systems in Ethiopia. Environment and Coffee Forest Forum

Taye Kufa(2006), Ecophysiological diversity of wild arabica coffee populations in Ethiopia: Growth, water relations and hydraulic characteristics along a climatic gradient. Ecology and Development Series No. 46

Taye Kufa(2009), Environmental Sustainability and Coffee Diversity in Africa.

Taye Kufa(2017), What Make Ethipian Coffees Special: A View from Coffee Research. 15th African Fine Coffee Conference & Exhibition

Taye Kufa, Jurgen Burkhardt(2011), Stomatal Characteristics in Arabica Coffee Germplasm Accessions Under Contrasting Environments at Jimma, Southwestern Ethiopia. International Journal of Botany Volume. 7

Yigzaw Dessalegn, Liezel Herselman, Maryke Labuschagne(2009), Comparison of SSR and AFLP analysis for genetic diversity assessment of Ethiopian arabica coffee genotypes. S. Afr. J. Plant Soil

CHAPTER 3.
YEMENI VARIETY

Coffee Lovers Magazine Issue 26. (2015). Saving Yemeni Coffee

REACH Informing more effective humanitarian action. (2014). Preliminary Findings Report Coffee Production Assessment in Raymah Governorate – Yemen

Taha Makerd Al-Murish, Adel Ahmed Elshafei, Abdullah Abdulaziz Al-Doss and Mohamed Najeb Barakat. (2013). Genetic Diversity of Coffee(Coffea arabica L.) in Yemen via SRAP, TRAP and SSR makers

Taieb Tounekti, Mosbah Mahdhi, Turki Ali Al-Turki, Habib Khemira. (2017). Genetic Diversity Analysis of Coffee(Coffea arabica L.) Germplasm Accession Growing in the Southwestern Saudi Arabia Using Quantitative Traits

USAID. (2005). Moving Yemen Coffee Forward

USAID. (2013). Rediscovering Coffee in Yemen

CHAPTER 4.
MODERN ARABICA VARIETY

Agrónomo Fitotecnista. Maestrante Universidad Nacional Agraria de Nicaragua en agroecología y desarrollo sostenible (2020), Genealogy and breeders of the first variety of coffee (Coffea arabica L.) Catrenic selected in Nicaragua, Central American Journals Online (CAMJOL), 20. Pages 29 - 34

Ajjamada C. Kushalappa. (2019). Coffee Rust: Epidemiology, Resistance andManagement. CRC Reports

Andrea illy & Rinantonio Viani. (1998). Espresso Coffee; The Science of Quality , Academic Press

Annual Report of the Inter-american Institute of Agricultural Sciences for the Year. 1950

B. Delvaux, doyen, émérite H. Maraite, émérite B.P. Louant, D. Bieysse, C. Decock, F. Munaut, M. Rutherford (2006), Speciation within the African Coffee Wilt Pathogen, UNIVERSITE CATHOLIQUE DE LOUVAIN.

Can This New Varietal Transform Kenyan Coffee?, Perfect Daily Grind, 2016.09.15.

Casto Maldonado Fuentes (2017), Comparación del rendimiento de diez cultivares de café (Coffea arabica L.) en tres años de producción en la Estación Esperimental de Sapecho, provincia Sud Yungas, departamento de La Paz, Revista de Investigación e Innovación Agropecuaria y de Recursos Naturales, La Paz, ISSN: 2518-6868. Pages 30-36.

Chinyere F. Anagbogu, Ranjana Bhattacharjee, Christopher Ilori, Pumipat Tongyoo, Keji E. Dada, Anna A. Muyiwa, Paul Gepts & Diane M. Beckles (2019), Genetic diversity and re-classification of coffee (Coffea canephora Pierre ex A. Froehner) from South Western Nigeria through genotyping-by-sequencing-single nucleotide polymorphism analysis, Genetic Resources and Crop Evolution volume Pages 685-696.

Chrispine Ogutu Omondi (1998), Genetic diversity among isolates of Colletotrichum Kahawae causing coffee berry disease and their interactions with varieties and breeding populations of Arabica coffee, Crop Science Faculty of Agriculture, College of Agriculture and veterinary sciences, University of Nairobi

Cíntia Sorane Good Kitzberger, Maria Brígida dos Santos Scholz, Luiz Filipe Protasio Pereira, João Batista Gonçalves Dias da Silva, and Marta de Toledo Benassi (2016), Profile of the diterpenes, lipid and protein content of different coffee cultivars of three consecutive harvests, AIMS Agriculture and Food, Pages 254-264

Dr. N. K Hegde. (2011). Plantation Crop Topic 28.

Emanuelle Ferreira Melo, Christiane Noronha Fernandes-Brum, Fabrício José Pereira, Evaristo Mauro de Castro, Antonio Chalfun-Júnior (2014), Anatomic and physiological modifications in seedlings of Coffea arabica cultivar Siriema under drought conditions, Ciência e Agrotecnologia. Pages 25-33

Fernando Cesar Carducci, Inês Cristina de Batista Fonseca, Willian Gabriel dos Santos, Carlos Theodoro Motta Pereira, Valdir Mariucci Junior, Tumoru Sera, Gustavo Hiroshi Sera (2019), Resistance to red mite in Coffea arabica genotype introgressed with Coffea racemosa genes, Australian Journal of Crop Science (AJCS), ISSN:1835-2707, Pages 683-686.

Gladyston Rodrigues Carvalho, Gabriel Ferreira Bartholo, Antônio Nazareno G. Mendes, Ângela Maria Nogueira, Marcelo Murad Magalhães (2005), Coffee progenies selection from the cross between 'Catuaí' and 'Mundo Novo' in different regions of Minas Gerais State, Bragantia. Pages 583-590.

Gladyston Rodrigues Carvalho, Gabriel Ferreira Bartholo, Antônio Alves Pereira, Juliana Costa de Rezende, Cesar Elias Botelho, Antônio Carlos Baião de Oliveira, Felipe Lopes da Silva (2017), MG Travessia: A coffee Arabica cultivar productive and responsive to pruning, Crop Breeding and Applied Biotechnology Pages 287-291.

Gustavo Hiroshi Sera, Andressa Cristina Zamboni Machado, Dhalton Shiguer Ito, Luciana Harumi Shigueoka, Santino Aleandro da Silva, Tumoru Sera (2020), IPR 106: new Arabica coffee cultivar, resistant to some Meloidogyne paranaensis and M. incognita nematode populations of Paraná, Crop Breeding and Applied Biotechnology, ISSN 1518-7853.

Gustavo Hiroshi Sera, Tumoru Sera, Luiz Carlos Fazuoli(2017), IPR 102 - Dwarf Arabica coffee cultivar with resistance to bacterial halo blight, Crop Breeding and Applied Biotechnology, Pages 403-407.

H. C. 'Skip' Bittenbender,Virginia Easton Smith (1999), Growing Coffee in Hawaii, the College of Tropical Agriculture and Human Resources (CTAHR), ISBN 1-929325-06-1 International Coffee Council (2019), Country Coffee Profile: Uganda, ICO Coffee Profile, icc-124-8, Pages 25 - 29.

Is it Geisha or Gesha? If Anything, It's Complicated, Daily coffee news by roast magazine, 2017

Jean Nicolas Wintgens. (2004). Coffee; Growing, Processing, Sustainable Production. WileyVch Verlag GmbH Co.

K.J. Joseph, P.K. Viswanathan, A. Sajitha (2019), Diffusion Of High Yielding Variety Of Coffee: A Study of Chandragiri Variety In Karnataka, India, National Research Programme on Plantation Development (NRPPD), No.58

K.P. Dinesh, A. SantaRam, M.B. Shivanna (2010), Studies on the Chitinase Activity in Coffee (Coffea Arabica L.) Genetic Resources in India, Research Journal of Agriculture and Biological Sciences, Pages 449-452.

Laércio Zambolim (2016), Current status and management of coffee leaf rust in Brazil, Tropical Plant Pathology volume 41, Pages 1-8.

Leandro Del Grossi, Tumoru Sera, Gustavo Hiroshi Sera, Inês Cristina de Batista Fonseca, Dhalton Shiguer Ito, Luciana Harumi Shigueoka, Elder Andreazi, Filipe Gimenez Carvalho (2013), Rust Resistance in Arabic Coffee Cultivars in Northern Paraná, Brazilian Archives of Biology and Technology, ISSN 1516-8913, Pages 27-33.

Leandro Eugênio Cardamoni Diniz, Claudete de Fátima Ruas, Valdemar de Paula Carvalho, Fabrício Medeiros Torres, Eduardo Augusto Ruas, Melissa de Oliveira Santos, Tumoru Sera, Paulo Maurício Ruas. Genetic diversity among forty coffee varieties assessed by RAPD markers associated with restriction degestion. Braz arch biol. Technol. Vol 48.

Leandro Eugênio Cardamoni Diniz, Claudete de Fátima Ruas , Valdemar de Paula Carvalho, Fabrício Medeiros Torres, Eduardo Augusto Ruas, Melissa de Oliveira Santos, Tumoru Sera, Paulo Maurício Ruas (2005), Genetic Diversity Among Forty Coffee Varieties Assessed by RAPD Markers Associated with Restriction Digestion, An International Journal, ISSN 1516-8913, Pages 511-521.

Luiz Carlos Fazuoli, Masako Toma Braghini, Maria Bernadete Silvarolla, Wallace Gonçalves, Júlio César Mistro, Paulo Boller Gallo, Oliveiro Guerreiro Filho (2018), IAC Obatã 4739 dwarf arabic coffee cultivar with yellow fruits and resistant to leaf rust, Crop Breed. Appl. Biotechnol, ISSN 1984-7033, Pages 18.

Luiz Carlos Fazuoli, Masako Toma Braghini, Maria Bernadete Silvarolla, Wallace Gonçalves, Júlio César Mistro, Paulo Boller Gallo, Oliveiro Guerreiro Filho (2019), IAC Catuaí SH3 - adwarf Arabica coffee cultivar with leaf rust resistance and drought tolerance, Crop Breed. Appl. Biotechnol, ISSN 1518-7853, Pages 19.

M.N. Clifford (2012), Coffee: Botany, Biochemistry and Production of Beans and Beverage, Springer Science & Business Media Margit Romijn, Ellen Wilderink (1981), Fuelwood Yield from Coffee Prunings in the Turrialba Valley, Bib. Orton IICA / CATIE.

Raimond Feil. (2011). Genus Coffea.

Rosane F. Schwan, Graham H. Fleet (2014), Cocoa and Coffee Fermentations, CRC Press Sophie Adler, Jean-Luc Verdeil, Marc Lartaud, Isabelle Fock-Bastide, Thierry Joe ̈t, Geneviève Cone ́je ́ro, Michel Noirot (2014), Morphological and histological impacts of the laurina mutation on fructification and seed characteristics in Coffea arabica L, Trees (Trees Struct Funct), Pages 585-595.

T. Singh-Dhaliwal, P. Meléndez-Gonzáles, A. Torres Sepulveda (1963), Spontaneous Hybridization of Coffee Varieties and Species in Puerto Rico, Journal of Agriculture of University of Puerto Rico, Pages 205-279.

The Coffee Roaster's Complete Guide to Coffee Varieties and Cultivars, Daily coffee news by roast magazine, 2019

Tumoru Sera, Gustavo Hiroshi Sera (2013), IPR 107 - Dwarf arabic coffee cultivar with resistance to coffee leaf rust, Crop Breed. Appl. Biotechnol, ISSN 1984-7033, Pages 215-217.

Tumoru Sera, Gustavo Hiroshi Sera, Luiz Carlos Fazuoli (2013), IPR 103 - Rustic dwarf Arabic coffee cultivar more adapted to hot regions and poor soils, Crop Breed. Appl. Biotechnol, ISSN 1984-7033, Pages 95-98.

Tumoru Sera, Gustavo Hiroshi Sera, Luiz Carlos Fazuoli Andressa Cristina Zamboni Machado, Dhalton Shiguer Ito, Luciana Harumi Shigueoka, Santino Aleandro da Silva (2017), IPR 100 Rustic dwarf Arabica coffee cultivar with resistance to nematodes Meloidogyne paranaensis and M. incognita, Crop Breed. Appl. Biotechnol, ISSN 1984-7033.

Tumoru Sera, Gustavo Hiroshi Sera, Luiz Carlos Fazuoli, Aníbal Jardim Bettencourt (2013), IPR 99 - Dwarf arabica coffee cultivar resistant to coffee ringspot virus, Crop Breed. Appl. Biotechnol. ISSN 1984-7033 13.

William Boot. (2006). Variety is the Spice of Coffee, Roast Magazine Article

William H. Ukers. (2007). All About Coffee. Martino Publishing Mansfield Centre, CT

World Coffee Research (2018). Arabica Coffee Variety

강영희 (2008), 생명과학 대사전, 도서출판 여초

CHAPTER 5.
HYBRID VARIETY

Asadollah Ahmadikhah, Mehdi Mirarab, Mohammad Hadi Pahlevani, Leila Nayyeripasand (2015), Marker- Assisted Backcrossing to Develop an Elite Cytoplasmic Male Sterility Line in Rice, The plant Genome.

Benoit Bertrand, Jean-Christophe Breitler, Frédéric Georget, Éric Penot, Mélanie Bordeaux, Pierre Marraccini, Sophie Léran, Claudine Campa, Olivier Bonato, Luc Villain, Hervé Étienne (2019), New Varieties for Innovative Agroforestry coffee systems, The agroecological transition of agricultural systems in the Global South. Page 161-176

César De Los Santos-Briones, S. M. Teresa Hernández-Sotomayor (2006), Coffee biotechnology, Brazilian Journal of Plant Physiology Physiol, Page 217-227

Gichimu BM, Gichuru EK, Mamati GE, Nyende AB

(2012), Selection of Ruiru 11 hybrid sibs on raw coffee quality, Afr. J. Hort. Sci. Page 72-82

Gimase JM, Omondi CO, Kathurima CW(2015), Coffee improvement by interspecific hybridization: A review, Journal of Agricultural and Crop Research. Page 41-46

Hue T. M. Tran, Carlos Alberto Cordero Vargas, L. Slade Lee, Agnelo Furtado, Heather Smyth, Robert Henry (2017), Genetic diversity of arabica coffee (C. Arabica) based on morphological and biochemical analysis, Tree Genetics & Genomes.

James E. Bidlack, Shelley H. Jansky(2014.03.01.), 식물학 (원제 : Stern's introductory plant biology.12th ed.), 라이프사이언스

Jean Nicolas Wintgens. (2004). Coffee; Growing, Processing, Sustainable Production. WileyVch Verlag GmbH Co.

K. L. Hemavathi, Jeena Devasia, Divya K. Das, M. K. Mishra, N. S. Prakash (2015), Molecular profiling of selected semi- dwarf genotypes of Coffee (Coffea arabica L.) using Sequence Related Amplified Polymorphism (SRAP) markers, Scholars Academic Journal of Biosciences, ISSN 2321-6883

Kent Nielson, Douglas Quayle, Shelton Bergeson (1969), Comparison of Sugarbeet SingleCross Hybrids with Double-Cross Hybrids for Seed and Root, Journal of the A. S. S. B. T.

Salvadoran Coffee Council, Exploring Distinctive Characteristics & Virtues of Coffee Varieties: The Bourbon & Pacamara Case.

Wellington Ronildo Clarindo, Carlos Roberto Carvalho, Eveline Teixeira Caixeta, Andrea Dias Koehler (2013), Following the track of "Hı´brido de Timor" origin by cytogenetic and flow cytometry approaches, Genet Resources Crop Evolution, 60(8)

What is an F1 Hybrid, Daily coffee news by roast magazine, 2018.08.23.

World Coffee Research https://worldcoffeeresearch.org/work/next-generation-f1-hybrids/

강병화 (2012), 약과 먹거리로 쓰이는 우리나라 자원식물, 한국 학술정보

컬링 일본 대표 선수가 반한 국산 딸기 어떻게 탄생했나?, 중앙일보, 2018.03.25.

커피 품종
COFFEE VARIETY

Coffee Algorithm Vol.1

지은이	이종훈
집필진	김예지, 서윤희, 이유진

1판 1쇄 발행 2021년 3월 26일
1판 3쇄 발행 2021년 11월 25일

편집	정성희, 이여진
디자인	onmypaper
일러스트	신문섭
제작	갑우문화사

펴낸이	최경옥
펴낸곳	연필과 머그
출판등록	2020년 1월 17일 (제2020-000019호)
	04168 서울시 마포구 새창로 11, 1375호(도화동)
전화	02-6487-2664
팩스	02-6008-1370
인스타그램	@pencilandmug

• 저작권법에 따라 무단 전재와 복제를 금합니다.
• 잘못된 책은 구매하신 곳에서 바꿔드립니다.

ISBN 979-11-970539-2-4 14590
ISBN 979-11-970539-1-7 14590(세트)